目次

故郷の親が老いたとき

―46の遠距離介護ストーリー―

プロローグ

故郷で暮らす親の老いを気にかけるあなたへ

都会に学業や職を求め、数十年前に故郷から飛び立った多くの子世代。この本を手にしてくれたあなたもきっとそんなひとりだろう。

職がそこにある以上、結婚後も故郷にUターンして親と同居するという選択肢がないまま現在にいたっているという人が大半だと思う。

故郷に戻って、親の世話をしようかと考えなくもない。しかし、結婚し、配偶者や子がいる場合、それは容易ではないだろう。配偶者にはその親がおり、配偶者の生き方がある。自分たちの子が結婚し、孫を産めば、共働きを支えるために子育てを手伝うという人も多い。自分自身にも、この地でやりたいことがある。

二〇〇七年一月八日付けの朝日新聞に「団塊世代が引退に向けて生活拠点を移すのはわずか一%程度」という記事があった。いったん故郷を離れた人たちが、故郷に戻ることはきわめて少ないというデータともとれよう。

このような社会的背景のなかで、「遠距離介護」がひとつの介護のかたちといわれるようになったのは、ごく自然な流れだといえるだろう。

「遠距離介護」という言葉は、一九九八年に出版した著書の題名に使うことで世の中に出した。

「介護」に「遠距離」をくっつけただけのように思われがちだが、私は、それ以上の思いをこめている。

それまでは、介護といえば食事介助やトイレ介助などの身体的介護が中心にとらえられていたが、遠距離介護はそれ以外の意味も含めている。家族がそばにいられないから、いわゆる「介護」が必要となる以前から、困ることが生じはじめる。ゴミの分別ができないとか、衣替えをするのが大変とか……。

それらをどうするか。なにかサービスはないだろうか、と考えはじめることもあるだろう。そんなことから、日常的な親子の対話(コミュニケーション)や、情報収集、そして、サービスを組み合わせて導入(コーディネート)することも、「遠距離介護」だと考えた。

よく聞かれるのだが、どれだけ離れているのを「遠距離」というかは定義していない。二〇〇一年にパオッコ(後述)で実施した「遠距離介護の実態調査」では、「片道二時間以上」かかるか、あるいは「片道の交通費が一〇〇〇〇円以上」かかる人を対象としたが、それはこのアンケートに限定したことである。

仕事やその他の事情などにより、たとえ同じ町に暮らしていても「遠い」と感じる人もいる。「遠距離」かどうかは、個人が判断することだと思う。

その後、主にマスコミを通して言葉が定着していく。

この一〇年、新聞、雑誌、テレビなど、相当数の取材を受けてきた。それらが、紙面や映像となり、私はしだいに、ひとつの疑問を抱えるようになってきた。

マスコミで紹介される「遠距離介護」とは、悲壮感漂う「大変」なものとなっているることだ。まるで、子が老親の犠牲になって通っているがごとく表現されることもある。

確かに、物理的な距離を埋めるためには、時間、お金、体力などの負担が増すことは事実であろう。私が率先して、それらの負担の存在を訴えてきたともいえる。

しかし、それはひとつの側面でしかないと思う。遠距離介護は、もうひとつの大きな側面があるように思うのだ。

遠距離介護は「大変」と表現される一方で、一部世間から「お気楽」といわれることもある。それは、親のことよりも自分の生き方を優先しやすい環境にあるからではないだろうか。「お気楽」かどうかは別として、自分自身のペースで生活を維持しやすいという側面があることは確かだと思う。

人にはさまざまな考え方がある。

なにより仕事が大事という人。

なによりお金が大事という人。

なにより遊ぶことが大事だという人、など。

価値観の違いであり、どれが正解とか、まちがっているということではないだろう。しかし、たとえ優先したいことがあったとしても、普通は、周囲にいる家族との協調のうえに、為していく。

老親がすぐ身近にいない遠距離介護の場合は、故郷に通っていかない限りは、自分の家では自分の生活を淡々と送ることができる。その間は、介護者としての顔をいったん置いておくことができる。

これは「身勝手」なことなのだろうか。いや、私はそうは思わない。

自分を生み育んでくれた親をみることとは、当然のことだと思う。親にとって自分の子は永遠に子であるように、子にとっても自分の親は永遠に親である。

一緒に暮らしていないからといえ、放ってはおけない。

「扶養義務」など法律的なことが理由ではない。親への「恩」とか演歌の世界のようなことが理由でもない。

親への気持ちというのは、ただ単に「好き」とか「愛している」とか、簡単な言葉で語れるものではない。好きな面、嫌いな面、反発、共感、憎しみ、愛情……、ひとことでは言い表せない複雑な心情がからみあっている場合がほとんどだろう。だからこそ、放ってはおけない大事な存在なのだと思う。

もちろん、呼び寄せや故郷へのUターンを行うことで、同居を選択する道もある。それができれば、すばらしいことだと思う。

しかし、できないこともある。

自分の人生は親のところにだけあるのではない。親の人生だって子のところにだけあるわけではない。

お互いに離れてから築いてきた、数十年がある。そこにも、放り出せないことや、慈しみたい生活がある。

それならと、子が通っていく。

もしかすると、同居で介護する人も、似た心情かもしれない。物理的な距離はなくても、生き方が多様化するなかで、自分の人生と親の人生を気持ちのなかで行ったり来たりしている部分はあるのではないだろうか。

私は、「遠距離介護」という言葉を世に出すのとほぼ並行し、「離れて暮らす親のケアを考える会パオッコ」という市民グループをネットワークした。先述の「遠距離介護の実態調査」は、この団体が実施したものだ。故郷で暮らす親をどのようにしてケアをすればいいかの情報交換の場となっている。会員数は全国に三〇〇人弱である。二〇〇五年にはNPOとして法人化した。

組織を通し、別居で親を介護する大勢の子世代と出会ってきた。彼ら、彼女らを見ていると、故郷への通いに苦しみつつも、前向きに親とかかわり、自分の人生も慎重に選ぶ姿がそこにある。そばにいることができない部分を、いろんなサービスや人的ネットワークで補う場合も多い。

これまで出会った多くの人々のケースをたどってみようと思う。遠距離介護で注目されがちな時間のこと、お金のこと、健康のこと、人間関係のこと、そしていわゆる介護のことに分けてそれぞれの生き方を見つめてみたい。

「介護者」とひとことでくくっても、性別も年代も生きている環境も異なる。経済状況もさまざまだ。ライフスタイルの変化に伴い、子どもをつくらない人や結婚しない人も増えている。親とのかかわり方も一様ではない。

ここに掲載する人々の生き方、親との向きあい方は、ひとつとして同じものはない。みんな必死で自分の与えられた人生、得てきた人生を生きようとしている。ときには、自分が選んだ結果に涙することもある。

が、たとえそのとき涙を流しても、自分がくだした選択がまちがいだったかどうかは、自分が人生を終えるときまでわからないのではないだろうか。

老親とのかかわり方に正解はないといっても、ひとつだけ言えることがある。それは、離れて暮らしていても、正面から親と向きあって生きていくことはできるということだ。

あなたは、どうやって故郷で暮らす親と向きあっていきますか。

本書では登場する人々はすべて仮名にした。一部、趣旨を変えない範囲で設定を変えている。

テーマ1

時間のこと

遠距離介護と自分の暮らし

思わずもれた本音

「〝生きてくれているだけでうれしい〟……？」

女性誌を読んでいたようこさん（六〇歳）が、突然つぶやいた。

「私はこんなこと思えないよー」

いったいその雑誌になにが書かれているのだろう……？

のぞいてみると、そこには「いつまでも生きていてくれるだけでうれしい」という大見出しがあった。五〇代の著名女性のインタビュー記事らしい。インタビューで語られた老親への思いが見出しにされたのだろう。

団塊世代のようこさんは、子も成人し、都内で夫と二人暮らし。東北地方の静かな町で八五歳の母親はひとりで暮らしている。二か月に三回ほど身のまわりのことを行うために帰省する。

日常出るゴミは裏庭で燃やしているようだが、燃えないものや大きなゴミが家のなかや庭などアチコチに置かれている。

介護保険では「要介護一」と認定されており、週に一回、デイサービスに通っている。日帰りで施設に出かけて利用するサービスだ。

デイサービスでは昼食が出るし、入浴もできる。

おそらく母親が入浴するのは、そのときだけ。自宅で湯をわかしての入浴ができないわけではないが、大儀なのだろう。

食事も、時間を決めずに、あるものを適当に食べているだけのようだ。

ようこさんが定期的に帰らないと、実家の空気は止まったままに感じる。

日常生活が進んでいかない。

ようこさんはひとりっ子で、「親を看取るのは、私しかいない。私に課せられた責任」と考えている。

母親のことが嫌いなわけではない。大切な存在だ。だから定期的に通っていく。

「同居介護をしている人のことを思えば、なんてことないんだけれど、それでも時間的にも体力的にも、精神的にも通い続けることはつらい。いつまで続くのだろうと考えてしまう」と、本音を打ち明ける。

このまま母親が一〇〇歳まで生きれば、自分は七五歳となる。それまで飛行機に乗って通っていくのかと思うと、目の前が暗くなるという。

ようこさんに聞いてみた。

じゃあ、もしおかあさんがようこさんの近所で暮らしたいと言って、徒歩一〇分ほどのところに越してきてくれたら、今よりも楽になる？

ようこさんはゆっくり首を左右に振った。

「それは、困る」

どうして？

「徒歩一〇分なら、いつもいつも母のことばかり考えて、しょっちゅうご飯を持っていかなければいけないいじゃない」

でも、飛行機で通わなくってよくなるし、体力的には楽になるんじゃない？

「そんなことないわよ。今なら、私の都合で通っていってその間だけは母のために時間を使う。それで済んでいる。こっちにいる間は、自分のことを優先できる。でも徒歩一〇分になれば母の暮らしを優先しなければならなくなるのよ」

繰り返すが、ようこさんは母親のことを大事に思っている。だが、自分の生活も大切なのだ。自分の時間をすべて介護に費やすことは、つらいのだ。

ようこさんはもう一度ため息をついた。

「生きていてくれるだけでうれしい、なんてひとことで片づけられる心境じゃない」

ようこさんの言葉、「自分のことを優先できる」。

定期的に通い続けることも、近所に暮らすことにも「自分の時間がなくなっていくような不安」。同居介護で二四時間体制で親の世話をしている人からみれば、ぜいたくな悩みかもしれない。

ようこさんは夫と二人、自営業を営んでいる。こつこつと仕事の毎日。子どもたちの学費はかからなくなったものの、ゆとりのある暮らしとはいえない。母親のところに通っていく旅費は、母親からもらっている。「自分で出すのだったら、とても行けない」と言う。

けれども、「行けない」とは言っても、食べるだけで精いっぱいの暮らしをしているわけではない。仕事の休みには、夫や友人と旅行に出かけることもあるし、友人たちとおいしいランチに出かけることもある。飲みに行くこともある。

ささやかな楽しみ。

仕事もするし、主婦業もする。楽しい時間も過ごす。自分らしい暮らしを築き、大切にしてきた。

そして、飛行機で実家に飛んだときは、母親の生活を優先するのだ。

生きているだけで気になる存在

だいぶ前になるが、千葉県に暮らすよしひこさんにインタビューをした。当時、よしひこさんは六四歳で、両親は新潟で二人暮らしをしていた。父親は九五歳、母親は九三歳だった。

よしひこさんは大学教授として、現役で仕事をしていた。多忙な毎日のなか、ひとりっ子であり、親をみるのは自分しかいないと考えていた。ようこさんと似た立場である。「両親が生きている以上、放ってはおけない」と言った。

両親は高齢であるが、元気だった。両親とも九〇代という年齢だけを聞けば、日常生活はどうなっているのか、成り立っているのかと思うが、農業をしながら、二人で自立した暮らしをしている。よしひこさんが通っていくのは、二か月に一回。それでも生活に大きな不自由が生じることはなかった。

「九〇歳を超えても、結構なんだってできます。年寄り扱いをして構ってばかりいると、いろいろなことができなくなるんじゃないですか。病気さえなければ構わないほうが、『できる能力』を維持できていいと思います」と、よしひこさん。

よしひこさんが、両親のことを誰かに話すと、決まって「長生きで結構なことですね」と言われたという。確かに、両親が健康なのは結構なことだ。でも、よしひこさんにとっては、両親の長寿は「結構なこと」であるだけでなく、一方で「悩みの種」だった。

親というのは、生きているだけで気になる存在……。

自立して暮らしているとはいえ、九〇歳を超えた年齢だという現実を考えれば、放っておくことはできない。

世の中、たいていのことは見通しがつく。けれども、老いには先の見当がつかない。これから先、両親になにが起こるかわからない。「『地雷』が埋まっている真ん中に立たされているような気分」だと言った。

元気な両親に比べて、よしひこさんは健康に不安を抱えていた。心臓弁膜症の手術の経験があり、血糖値も高く、常々薬を手放せない状況だった。

自分のなかの仕事の位置づけ

よしひこさんは「月に一回くらい帰省したいが、仕事が忙しいため実際に通っていけるのは二か月に一回程度」だと言っていた。

「自分自身の暮らし」には、当然、「仕事」が含まれる。

食べていくための仕事。

生きがいとしての仕事。

働く目的は個人ごとで異なるが、自分自身にとって「仕事」が重要な位置づけであることは多くの人に共通するだろう。

この「仕事」と「通い」の両立も時として子世代の悩みとなる。

片道二時間以上の親の家に月に一回以上帰省するといえば、無職か専業主婦が多いと想像するのではないだろうか。

パオッコの調査によると、確かに女性の場合は半数以上が無職（専業主婦）であるが、男性の場合は七割がフルタイム勤務だという。

朝から晩まで仕事をして、月に一回以上の帰省を継続するというのは、時間のやりくりに苦労することだろう。

親の心身の状況によっては、定期的な帰省ではすまないこともある。実際、「親の心身の状態の急変で帰省した経験のある人」は六割以上。さらに、そのうちの八割近くが、「自分もしくは配偶者がその緊急帰省のために勤めを休んだ」経験があると答えている（パオッコ調査、二〇〇一）。

連動するように、「離れて暮らす親の介護のために転職・退職」をした経験者や、そのことに対して、将来的な不安を感じている人が少なからずいるのは、当然の結果だといえるだろう。

仕事を辞めるという選択

「育児・介護休業法（正式名は『育児休業、介護休業等育児又は家族介護を行う労働者の福祉に関する法律』）」という法律がある。

育児や介護を行う働く人の仕事と、家庭の両立を推進するために設けられたものだ。

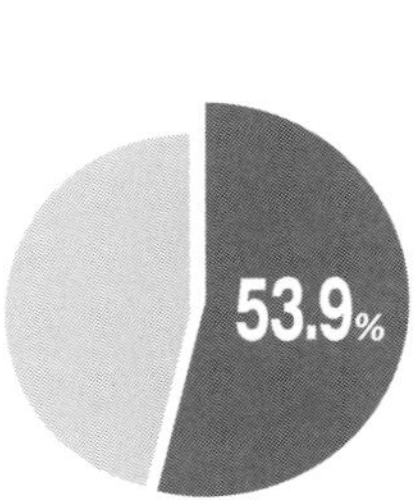

「緊急な帰省のために
仕事を休んだ経験がある」

・パオッコ調査(2001)

自分が休んだという人約5割強。
配偶者が休んだのは約2割強あった。

勤め人は、申し出ることにより要介護状態にある対象家族一人につき、常時介護を必要とする状態ごとに一回の介護休業ができる。期間は通算して（延べ）九三日まで。と、制度的には親に介護が必要になれば仕事を休む手段はあるといえるが、現実には、一部の企業を除き、取得率は低いといわざるをえない。二〇〇六年の労働政策研究・研修機構の調査によると取得率はわずか一・五％。一方、介護のために退職や転職をしたのは二四・八％。

また、自分が休みをとることで、そのしわ寄せは誰かにいってしまうだろうと思うと、気を遣う。

取得を理由に解雇や減給など労働者にとって不利益な取り扱いをしてはならないことも定められてはいるが、実際には、リストラの対象とならないかなどの不安を払拭するのは難しいといえるだろう。

多くの場合、なんとか時間をやりくりして親の介護と仕事の両立をはかろうとする。

食べていくためには、親もとに戻って介護をするということは困難であり、両立をはかろうとするのは当然の決断だ。

だが、もし、「食べていくには困らない」状況であったとしたらどうだろう。

あなたの親が倒れたとしよう。

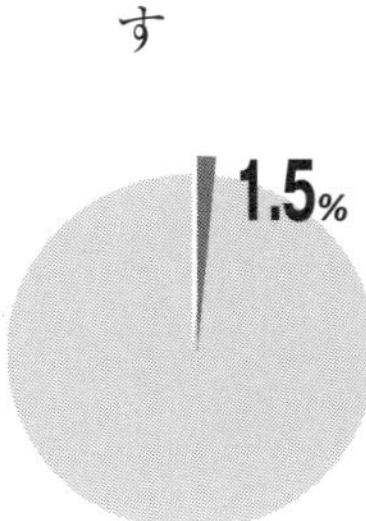

「介護休業を
取得した人の割合は、
たったの…」

・労働政策研究・研修機構調べ、
2006年

職場に介護休業制度がない
という声もあった。

配偶者から、「僕（私）の稼ぎで食べるのには困らないから、親の介護に専念すればば？」と問われれば、どうするだろう。「ありがたい提案」と受け入れるだろうか。

次に紹介するとおるさんは、妻からの提案を受け入れて、仕事を辞めた。


都内で暮らすとおるさん（四五歳）の母親は、六〇代後半でアルツハイマーと診断された。北海道で父親と二人暮らしをしていたが、父親は根っからの遊び人。母親の介護をするとは思えなかった。妻の勧めもあり、迷ったあげく、とおるさんは仕事を辞めて、両親の暮らす家へ単身移住。

夫婦には子どもがいなかったこと、妻も仕事をしていたことで決断できたことだが、彼らはよい選択だったと振り返る。

親にとっての子は自分しかいないが、職場にとっての自分は代替がいくらでもきく。

とおるさんにとっては、「大事にしたい自分自身の暮らし」が親の介護だったということではないだろうか。その思いに妻が理解を示し、夫を支えた。いや、妻がその思いに気づきを促し、夫が悟った。

とおるさんが北海道に行って一年ほどしたころ、母親は体調を崩して入院。体力の低下が続き、亡くなった。とおるさんは再び東京に戻り、再就職を果たした。

これは想像であるが、とおるさんが仕事を辞めてまで北海道に行き、介護をしたのは、母親だったからではないか。遊び人の父親に泣かされ続けた様子を目の当たりにして育った。父親が介護をするとは思えないなかで、「自分がやろう」と考えたのだろう。もし、在宅介護を必要とするのが、母親を泣かせてばかりいた父親であったなら、とおるさんは親もとに戻ってまで介護をしただろうか。

自分自身の暮らしを大切にしたいという思いのなかで介護を考える場合、ただ単に「親だから」ということではなく、相性や、親子の歴史が深くかかわってくるのだろう。

それともうひとつ。とおるさんの母親は、とおるさんの移住から一年ほどで亡くなった。早い死だったといえる。

介護は一〇年以上続く長丁場になることも珍しくない。とおるさんは、四〇代半ばだったので東京に戻って再就職できたが、これがあと一〇年続いて五〇代半ばとなっていたら、難しかったのではないか。

とおるさんの選択は、彼なりの考えのもとでの結論だったが、誰もに当てはまることではない。

いくこさん（四〇代）の場合はこうである。

いくこさんは子どもが中学に入学したのと同時に、英会話スクールの講師のアルバイトをはじめた。週に二回、一回二時間。時給は九〇〇円だから、月に二万円にもならない。それでも、やっと手に入れた職に満足していた。いずれは、自分で英会話スクールを開業したいという夢もあった。

実家の父親が倒れたのは、アルバイトをはじめて三か月がたったころだ。夫は、「一か月くらいなら、実家に行ったままでも大丈夫だよ」と言ってくれた。しかし、いくこさんは夫の提案を受け入れなかった。一か月も家を空ければ、せっかくはじめたアルバイトがなくなってしまう。結局、合間を縫って、二回帰省した。

いくこさんは、夫の言葉には従わず、アルバイトを続けたことに後悔はしていない。けれども、アルバイトと老親を天秤にかけて、アルバイトを選んでしまったようで、父親には申し訳ない気持ちが残っているという。

それでも、とおるさんもいくこさんも、自身の決断に後悔していないから、ある意味幸福だ。いったん辞めれば、復職は難しい。

大阪市内で暮らすちづるさん（五〇代）は、他県の実家でひとり暮らしをする父親のもとに、一週おきに通っていた。フルタイムの仕事をしていたので、週末を利用していた。ちづるさんはシングルだ。結婚を考えたこともあったが、踏み切れないままにここまできた。管理職のポストも得て、仕事にやりがいを感じていた。部下もいる。

そんなとき、父親の物忘れがひどくなってきた。一度はボヤ騒ぎとなった。施設入居も検討したが、父親は「この家で暮らす」という。家を離れたがらない。「施設が嫌なのなら」と、ちづるさんの家に来ることを提案したが、がんとして動かない。

火事で父親が亡くなるのは自業自得であるが、近隣にこれ以上、迷惑をかけるわけにはいかない。

考えあぐね、ちづるさんは退職して、単身実家に戻った。ちづるさんには弟がいるが結婚し、中学に通う子どももいる。とても動ける状態ではない。それに比べ、ちづるさんは、自分が判断さえすれば身軽に動くことができる。実家はいくつかの借家を持っており、現在は弟が管理している。それらの家賃を生活費に充てられるので、仕事を辞めてもなんとか生活していくことはできる。

父親と二人だけの暮らし。ガンコで、同じことばかり話す父親。ちづるさんは、息の詰まるような毎日に、実家に戻ってきたことを後悔する。

「どうして辞めてしまったんだろう」

ちづるさんの頬に涙が流れる。首に縄をつけてでも、施設入居させるべきだったのだろうか。

介護と海外旅行

先日、あるところで、「サザエさん一家の年齢を知っていますか？」と問われた。フジテレビのウェブサイトによると、以下のように記述されている。

●サザエさんは二四歳。
●父親の磯野波平は五四歳。
●母親の磯野フネは五〇とウン歳（なかなか本当のことを言ってくれない）。
波平とフネの年齢には正直驚いた。昔はお年寄りというのは、五〇代でイメージされたということだろう。ちなみに漫画『サザエさん』は、昭和二一年に、九州の『夕刊フクニチ』という新聞に連載されたのがはじまりだそうだ。かつおとわかめを高齢出産した設定にも斬新さを感じるが、特にフネの容姿はおばあちゃんそのもの。

実際、五〇年前（一九五七年）の平均寿命を調べてみると、男性六三歳、女性六七歳。わずか五〇年前のことである。

現在は、誰もが知っているように、日本は世界屈指の長寿国。

二〇〇六年九月末の時点で、国内の一〇〇歳以上の高齢者が二万八三九五人もいるという。数年前から、日本にとっての高齢少子化は、大きな社会問題として語られるが、個人単位にとっても影響は小さくないのではないだろうか。

介護と仕事の両立のことも課題であるが、介護と「遊び」の両立も課題だといえよう。

故郷の親もとに、月に一度の割合で遠距離介護を続けているたかこさん（五九歳）は、先日、ヨーロッパ旅行に出かけた。ときたま、「要介護の親がいると、海外に出るのはためらう」という言葉を聞くことがあるので、「よく出かけられたね」と声をかけた。

「行けるときに行かなきゃ、一生行けなくなってしまう」と、たかこさん。

たかこさんはもう一〇年以上も故郷に通っている。超ベテランの遠距離介護者だ。

「通いの介護をはじめたばかりだと、精神的に旅行に行くゆとりはもてないけれど、長くなってくると、一週間くらいなら日本を離れてもだいじょうぶと思えるタイミングを見繕うことができるようになるわ」と言う。

その横で、冒頭に紹介したようこさんが言った。

「私も、来月友だちと中国に遊びに行くのよ」

ようこさんが海外に出かけるのは生まれてはじめてのことだという。

調べてみると、日本で海外旅行が自由化されたのは、一九六四年のことだ。今の団塊世代が成人を迎える、わずか数年前のことである。団塊の世代には集団就職で上京してきた人もいる。中卒、高卒も多かった時代。日本の高度経済成長期を支えた人たち。解禁されたばかりの海外旅行に出かけるゆとりがある人は、それほど多くなかったことだろう。思いつきすらしなかった時代だったにちがいない。

実際、ようこさんも新婚旅行は日光だったという。新婚旅行といえば、国内が定番の時代。

結婚後はすぐに子育て。やっと育てあげたかと思ったら、今度は親の介護。親が一〇〇歳まで生きることもありうるわけだ。母親が一〇〇歳になったら、団塊世代は七〇代後半となる。

「もっと寿命が短ければ、親を看取ってから、自分の好きなことをしようと思うのかもしれないけれど、この状況じゃ、そんなことを言っていられない」と、たかこさんは言う。

聞けば、海外旅行のツアーは五〇代～団塊世代の女性がとても多いという。ホテルのランチタイムと似た光景だそうだ。友人同士や夫婦で参加する人もいるが、女性のひとり参加も少なくない。連れがなくても、ひとり参加の人が大勢いるから、そこで友だちになれるのだそうだ。

遠距離介護と自分の代わり

いつもとどこか違った気配

たつこさん（四八歳）は、大学進学で九州を離れて東京に出てきた。三年後には同じように妹が家を出たので、以降、実家では両親二人だけの暮らしとなった。

当時はなんの心配もしていなかった。

年齢を重ねれば、独立するのは当たり前。人によって、進学だったり、就職だったり、結婚だったりするだけのこと。

たつこさんは卒業後そのまま東京で就職し、四年後に退職して結婚。新たな家庭を築いた。もしかすると、両親は大学卒業後には地元に戻ることを期待していたのかもしれない。が、東京で就職することに、反対されることはなかった。

子どもが小さいころは、盆や正月をはさみ二週間くらい帰省することも多かった。が、しだいに子の習いごとや学校行事などが理由で、帰省の期間が短くなっていく。二人の息子が中学に入ったのと同時に、歯科医院の受付のパートをはじめた。ますます忙しくなる。帰省は多くて年に二回。昨年は次男の受験前だったので、正月にも帰れなかった。

そして、一年振りにお盆に帰省したとき、実家の様子がどこかいつもと異なることが気になった。なにかあったのだろうか。食卓の横に二、三日前の新聞が出たままになっており、ぴかぴかのはずの台所のコンロが汚れている。

両親と話をするが、どこかが違う。父親も母親も、口数が少ないように感じる。引っかかる。どうしたのだろう。

夜、父親が入浴したすきに、たつこさんは「なにかあった?」と、母親に問うた。

「なんてことはないと思うのだけれど、最近おとうさんが変なのよ。急に怒鳴ったかと思うと、ふさぎこむ。気になって、家のことが手につかなくって」

たつこさんは胸がグッと詰まるような苦しさを覚えたという。

自分たちの生活で手がいっぱいで、両親のことは気になりつつも、放っていた。自分の両親はしっかりしていると思っていた。が、考えてみれば父親は八二歳。母親は七九歳。

一年も帰らなかったことを悔やんだ。

なにかあったら世話をするというが……

親と別居している子世代がよく口にする言葉がある。それは、「親になにかあったら、世話をする」。

が、これは口で言うほど簡単ではない。

たつこさんは子が小学校の中学年だったころまでは、帰省することにたっぷり時間をかけていた。ところが、子の成長とともに、そうもいかなくなる。子の予定を優先するためだ。学校の行事。習いごと。塾……。子どもはとても忙しい。それらの行事には保護者参加や、弁当の準備などがついてまわる。

しかも、幼いころは「おじいちゃん」「おばあちゃん」に会うのがなにより好きだった孫世代は、年齢を増すにつれて、世界を拡げる。そして、「おじいちゃん」「おばあちゃん」に会うこと以上の楽しみを次々に見つける。昔はなにをおいても祖父母宅に出かけるのを楽しみにしていたのに、しだいにそれほど行くことに情熱を傾けなくなってくる。

近場であれば、簡単に顔をのぞきに行けるが、遠方であると、泊まりがけとなる。孫世代の足が遠のくのは自然の流れだ。

教育費が増大するにしたがい、主婦がパートに出るケースも増える。住宅ローンに追われることも多い。

一方、子が幼いころも、保育園などを利用して、共働きを継続する夫婦も増えている。仕事に、子育て……。それで精いっぱい。「離れて暮らす親の老い」を考えるという立場にある者の多くは、裏返せば、近所に子をみてくれる親がいないということでもある。現実、子はすぐに熱を出すし、ちょっとみてくれる親族が身近にいないなかで共働きを継続するのは大変なことだ。

結果、別居の親のことは気にはなっても、優先順位で考えると後番となってしまう。だんだんごぶさたが普通のことになっていく。

そんなこんなで、「なにかあったら世話をする」という言葉で現状を濁すのだが、本当にこのような状況で、親に「なにかあったこと」を、子は気づけるものだろうか。普段の状態を知っていてはじめて、異変を察知できるのではないだろうか。ごぶさたばかりで通常を知らないと、なにかあっても「こんなものだろう」と見過ごしてしまう。

たつこさんは、たまたま帰省時に両親の様子がいつもと違うことに気づいたが、運がよかっただけかもしれない。

忙しいと、遠方であっても日帰りや一泊、せいぜい二泊くらいしかしないケースが多い。ばたばたとした滞在では、親の様子はなかなか見えてはこない。

いや、ちらっと見えても、見ないふりをする。

実際、あなたならどうだろう。

親のちょっとした異変に気づける自信があるだろうか。

親のほうも気をつかう

親世代も子が忙しくて、自分たちのことを構うゆとりと時間がないことを知っている。

七九歳のはるこさんは地方都市で夫婦二人暮らし。子は三人いるが、みな遠くに暮らしている。昔はにぎやかな家族だったが、今は夫と二人で暮らす。家族が集まるのは正月くらいだという。

先日、はるこさんは足の指を骨折した。入院はまぬがれたものの、不自由な生活を強いられた。が、三人の子には連絡をしなかったという。

なぜ？

「骨折したと言えば、息子たちに『様子をのぞきに帰ってこい』と言うのと同じこと。みんな忙しくしているのに、そんなことは言えないわ」と、はるこさん。

たつこさんの母親が、父親の異変を知らせてこなかったのと似ている。

はるこさんは、足の指を骨折して不自由にしているときに、長女から電話をもらったことがあったそうだ。喉もとまで「骨折」という言葉が出てきたが、ぐっと飲み込んだという。心配をかけたくない、心配をかけても、けががよくなるわけではない。電話でなら言葉にさえしなければ、子に気づかれずに済む……。

電話は顔が見えない。便利だけれど、交流には限界があるということだろうか。

電話にはほかにもやっかいなことがある。

子世代と親世代では、生活時間が大幅にずれているということだ。早寝早起きの高齢者は多い。なかには、夜九時には寝てしまうというケースも。が、子世代にとって夕方から九時ごろというのはもっとも忙しい時間帯である。気づけば、一〇時、一一時ということがざらではないだろうか。

さらに問題なのは、親となにを話すか、ということである。

けんじさん(四六歳)の父親は、実家でひとり暮らしをしている。もうすぐ八〇歳。自分のことは自分でできるほどには自立しているが、ぜんそくの持病がある。

けんじさんは会社員で、平日は仕事が終わって自宅に帰ると、一〇時を過ぎるのが通常だ。なかなか父親に電話ができない。せめて週末くらいには電話をしようかと思わなくもない。けれども、気持ちとは裏腹に、なかなか受話器をとる気がしない。妻から、何度も「電話したら」と言われて、やっと月に一回かける程度だ。

「元気?」

「変わったことは?」

話し好きの親であれば、こちらからのこういった問いかけにも、話題を拡げて話してくれるのかもしれないが、父親も口数は多くない。双方が無口であると、わずか三〇秒で会話は途切れてしまう。

電話機に向かうのが苦痛となり、二か月ほど電話をしないこともあるという。

すれ違う時間を埋める方法

電話では顔が見られない……、話すこともない……、ということになると、もっといい方法はないものか、と子世代は模索する。

六〇代のただゆきさん親子はそれぞれがテレビ付き携帯電話を持つことにした。とはいえ、八〇代の親にはテレビ付き携帯電話の操作はちょっと難しい。そこで、ホームヘルパーが来ている時刻を見計らって、ただゆきさんから電話をかける。ヘルパーが電話をとって、母親に渡してくれる。顔を見ながら話せることに、母親はとても満足しているらしい。

携帯電話のテレビ映像は小さいが、最近はパソコンを用いたテレビ電話も少しずつ普及しつつある。これならモニターも大きい。

実際、仕事の現場で使われているテレビ電話を見る機会があったが、映像はかなりスムーズだ。音声も明瞭。背景まで見渡せる。自宅にあれば、ある程度、家のなかの様子を確認できそうだ。

「散らかっているね。少しは片づけなさいよ」と注意するのは親だろうか、子だろうか。

おそらく、そんなに遠くない将来、テレビ電話はもっと普及するだろう。だが、一方で「テレビ電話は使いたくない」という声も少なくない。

画面越しにしんどそうな親の顔が見えたら？

「どうしたらいいかわからなくなる。親の弱っている顔色を見ても、すぐに会いに行けるわけではない」と言うのだ。

ＩＴとは逆のアナログ発想だが、親子間で「絵手紙」を出している人をみかけることがある。

えいこさん（五〇代）の両親は、関西地方で夫婦二人暮らしをしている。だいたい月はじめに、母親から絵手紙が届く。

絵手紙を受け取ると電話をする。普段は、あまり電話はしない。えいこさんはもともと電話は苦手なタイプで、友人にもほとんどかけないそうだ。

電話口で、母親に「また、腕をあげたわね。飾っておくわ」と言う。

「そうお、それ、なかなかよく描けてるでしょ」と、母親も自作に満足そうな様子だ。

七五歳くらいからはじめたので、見事な作品というほどでもない。しかし、習いはじめてもう四年。確実に上達している。

絵の横には、「元気ですか」とか、「風邪を引かないように」という言葉が添えられている。

「そろそろこっちが気遣わないといけない年齢なんですが、いつまでたっても、私のことを心配してくれているんだな、と思います」と、えいこさん。くたびれているときなど、母親からの絵手紙を見ると、ほろりと目頭が熱くなることもあるという。

子から親に絵手紙を出すケースもある。

親が長男である弟と同居しているというまゆこさん（四〇代）。電話をすると、たいてい弟の妻が受話器をとる。挨拶するのがおっくうで、あまり電話はかけないのだそうだ。かといって、封書の手紙を送ると、「弟やそのお嫁さんから『なにをこそこそとしているんだ』と、いらぬ勘繰りをされそうで……」と言う。

考え過ぎかとも思うが……。

月に二度ほど絵手紙を出す。弟や義妹も見てくれているようだ。絵手紙を出すと、母親からは封書の手紙が届く。たわいのない日常がつづられている。

親の「意地力」

高齢になってから、メールを使いはじめた親の話を聞くこともある。「機械はお年寄りには無理」というのはもはや古い考え方なのかもしれない。

かなよさん（五〇代）の夫の母親（八一歳）は実家でひとり暮らしをしている。

あるとき、かなよさんは義母から「友人が携帯電話を使いはじめた」という話を聞かされた。ごく簡単な高齢者仕様の携帯電話で、義母は同じものをほしいようだ。しかし、その携帯電話では電話番号などの登録機能がついていない。メールもできない。かなよさんは、高齢者タイプではあるが、ワンランク機能が上の機種の購入を勧めて、一緒に買いに出かけた。

携帯電話の使い方は、かなよさんと義母、それぞれが自宅の固定電話で、それぞれが携帯電話を握りながら説明した。

それから間もなくのこと。義母から思わぬことを聞く。「バス旅行に行くと、みんなカチャカチャとメールをしている。悔しい」、と。義母の趣味はひとりでバス旅行に参加することである。

「義母の『悔しい』という言葉を聞き、『この母は意地があるから、きっと使えるようになるな』と思いました。ワンランク上の機種にして正解でした。それで、またメールの使い方を教えて、『どんな些細なことでも聞いてください。私と夫の携帯なら、空メールを送ってもだいじょうぶだから』と何度も言いました」

少しずつメールも上達する。最近は、絵文字もまざる。

義母からしばしば「今、旅行に来ています」とか、「桜がきれいよ」というメールが入る。

そんなとき、かなよさんは心得たもので、義母のメールには速攻で返信する。友人

「65歳以上の人の携帯電話保有率」

・通信利用動向調査（平成17年、総務省）

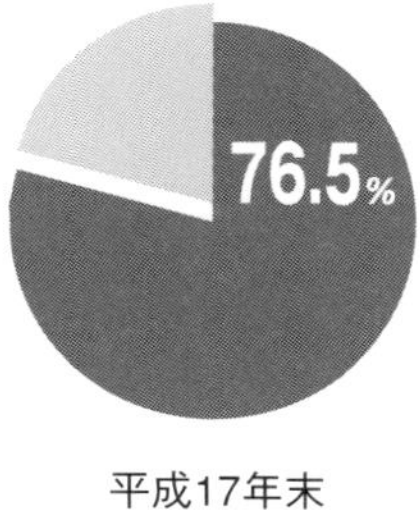

平成17年末

の前で「あら、メールが戻ってきたわ」とチェックする義母の、ちょっと得意そうな姿を想像しながら。義母の「見栄」を満足させてあげるため。

義母からこんなことを言われたことがある。

「ひとりでバス旅行に出かけても、携帯電話のおかげで、あなたたちとつながっているみたいに感じる」、と。

義母の好奇心はおさまらない。一年ほど前から、デジカメをはじめた。先日、家を訪れると、桜の写真がＡ４版に印刷されて、壁に貼られていた。

また、八〇歳の誕生日には、ひとりのバス旅行の道中、手持ちぶさたにならないようにと、かなこさんの夫の提案で「ｉＰｏｄ（アイポッド）」をプレゼントした。ポケットサイズの小さなボディに、音楽ＣＤ何十枚分もの音楽を詰め込むことができる代物だ。義母は綾小路きみまろの漫談などを入れ、楽しんでいる。

「私、完全に義母に負けています。『ｉＰｏｄ』なんて、持っていませんし。あれって、若者が持つものでしょ。義母を見ていると、その生き方は尊敬するし、『こんな風に老いることができたらいいなあ』と思います」

携帯電話は、義母の楽しみだけでなく、安否確認にも役立っている。「メールをして、すぐに戻ってくると、ほんと、安心です」と、かなよさん。

自分の代わりはできないが

技術の進歩はめざましい。

数年前から「みまもりサービス」という携帯電話やパソコンを活用したユニークなサービスが登場している。

サービスの内容はメーカーによって異なるが、親の暮らす家の各部屋にセンサーを設置することで移動状況を確認するタイプや、ガスや水道などの使用状態で暮らしぶりをみまもるタイプ、お茶を飲むときなどに使う電気ポットの使用状況でみまもるタイプや、ロボットタイプもある。

多くは、日に一度、直近二四時間の状況を子の携帯電話やパソコンに通知してくる。緊急事態の発生を知らせるものではなく、「いつもどおり」親が生活していることを確認して、安心するためのシステムである。

けいこさん（五〇代）はアメリカ在住。母親は、千葉県の実家でひとり暮らしをしている。

数年前、実家に母親を訪ねたことがある。

その何年か前に、けいこさんの父親は心臓の発作で急死していた。

当時、母親は、「これから、どうやって生きていけばいいのだろう」と思ったという。

ひとり暮らしをする自信がなく、四十九日を済ませて、けいこさんが住むアメリカへ渡った。

けれども、アメリカに渡っても、さみしさから抜け出すことはできなかった。けいこさんは、アメリカ人の夫と二人で法律事務所を開いている。そのため、昼間母親はひとりになってしまう。言葉が通じず、友達もいない。

母親は三か月で日本に戻ってきてしまった。

けいこさんは、ポットタイプのみまもりサービスを利用することを、母親に提案した。

千葉で母親がお湯を入れると、それがはるかかなた米国ヴァージニア州で知ることができる。「いつもどおりお茶を飲んでいる」ということがわかる。母親はお茶が大好きで日に七回くらいお茶を飲むという。

ポットからお湯を注ぐとき、心のなかで「今日も元気にしてるよ」とか、「もう寝るよ」とか、ポットの向こうに娘の顔を思い浮かべながらつぶやく。

仏壇の夫に話しかける感覚と似ているという。

実はこの話の趣旨をパオッコの会報に書いたことがある。私はあたたかなエピソードとして書いた。会員からは共感の言葉が届いたが、たまたま会報を目にした同居介護をしている五〇代くらいの男性から思わぬ感想をもらった。

「『仏壇』が夫で、『ポット』が娘？　なんてかわいそうなおかあさん。涙がこぼれそうだ」、と。

たしかにポットに娘の代わりはできないだろう。

けいこさんは実家にポットを置いているだけではない。アメリカから日本へは電話料金が安いので、けいこさんは毎日のように電話をかける。一時間、二時間と長話をすることも多いとか。

それだけ頻繁にコミュニケーションを確保しつつ、プラス日に七回も、母親は、ポットに話しかけながら、けいこさんと向き合うのだ。

けいこさんは言う。

「自分が母のすべてを引き受けよう思っても無理。全部するのが美しい親子の関係とは思いません。いろんなサービスを使いながら、母の生活を支えていきたい」

母親にけいこさんの気持ちはしっかり届いている。

「なんでひとり娘なのにアメリカに行ってしまうの、って腹が立った時期もありました。でも、そんなに距離は感じません。今は、娘には娘の人生があると思えるようになりました」

自分の時間、親の時間

暮らしてきた背景などにより、ひとつのことでも、意見は逆になることもある。

二〇〇四年に毎日新聞で遠距離介護のコラムを連載していたときのことである。「親の暮らす地域にあるサービスをどんどん使おう」という趣旨のコラムを書いたところ、「それは身勝手ではないか」という反論の手紙が届いた。

過疎の町で暮らす年配の女性からだった。ひとことで言うと、「勝手に故郷を離れておいて、いまさら地域を当てにするのは虫がよすぎではないか」というものだった。

私たちは好き勝手に故郷を離れたのだろうか。

関東地方で暮らすみさこさん（四〇代）は、専業主婦だ。子は大学生になり、時間にゆとりができてきた。関西地方で両親は二人で暮らしている。元気とはいえ、八〇歳という年齢がそこまで見えてきて、老いを感じることもある。

一年ほど前、みさこさんは自分の暮らす地域の社会福祉協議会が実施する住民参加型のボランティアサービスの会員になった。毎週火曜日の午前一〇時から一二時まで、近所の八〇代のお年寄り夫婦の家に出かける。洗濯や買い物を手伝う。一時間七〇〇円の有償型のボランティアサービスだ。

みさこさんは結婚してから、夫の親とも自分の親とも一緒に暮らしたことはない。

みさこさん自身、祖父母と離れて住んでいたので、お年寄りとはどういうものなのか、いまひとつわからないという。

「訪問先のご夫婦を見ていると、こうやって老いていくのかと、いろいろと発見もあります。実家の両親ともだぶり、実家に帰ったときに以前よりもほんの少し両親に優しくできるようになったかな」、と話す。

訪問先の夫婦の家では、ゆっくりと時間が過ぎていく。

たとえば先日のこと。目覚まし時計の電池が切れたことを、妻が夫に言った。夫は新しい電池を持ってきて、時計のふたを開けて電池を交換するのだが、

「どうやって、開けるのかな」

「えーっと、電池はどちら向けかな」

「あっ、時計が動いたわ、おとうさん」

ゆったりとした空間のなかで、夫婦二人で支えあっている様子がひしひしと感じられるのだそうだ。

みさこさんが帰省するのは年に二回ほど。

「私は、こっちでこっちのお年寄りの手助けをします。実家では実家の近所の若い人に支えてもらえれば理想的ですね」

みさこさんは訪問先のお年寄り夫婦の話をするとき、二人のことを、「おかあさん」「おとうさん」と表現していた。

コラム

罪悪感が生まれる理由

生活の拠点を別にもちながら、遠距離介護をしている人たちの多くは、罪悪感や後ろめたさを抱えていることが少なくないように思う。

「介護だなんて言えることはなにもしていない」と声をそろえるように言う。それは、「介護」ということ、同居で介護している人たちを連想するからだろう。

同居して二四時間体制で介護をしている人は、本当に大変だろうと思う。けれども、思うのだ。大変さ比べをしても意味がないのでは、と。

多くの子世代は、新たな家族や人生を、親との暮らしとは数百キロ離れた異空間に形成してきた。いわば、「二つの家族」をもっているといえるのかもしれない。

親やきょうだいとの一つめの家族。

配偶者や子と築いた二つめの家族。

四〇代のころまでは、後者が中心に生活が進む。

ところが、あるとき気がつけば、故郷で元気に暮らしていたはずの親が老いている。一つめの家族の一大事だ。

当然、その暮らしを支えよう、介護しなければ、と気持ちは動きだす。

ところが、異空間に現存する「二つめの家族」との暮らしは、親の老いとは関係なく通常どおりに時を刻んでいく。「二つめの家族」の延長線上に、今の生活がある。現在の仕事や、趣味は、故郷の親の暮らしとは、ほとんど交わらない。


そこで、二つの「家族」の間を行ったり来たりの同時並行。

とはいえ、いろんな事情で、「二つめの家族」との時間を中心にせざるをえないことが多い。そのことが、「自分は介護をしていない」とか、「自分の暮らしを優先しているようで申し訳ない」という葛藤を生むのではないだろうか。


しかし、親のほうも子が巣立ったうえで、生活を形成してきた。「同居」のよさがあるのと同様に、「別居」のよさがあると感じることもあるにちがいない。

高齢者に生活の満足度、日常生活での心配ごとを聞いた調査がある（「高齢社会白書（平成一八年版）」）。ひとり暮らし高齢者世帯、全高齢者世帯ともに生活の満足度はおおむね高く八割近い。全高齢者世帯に比べ、ひとり暮らし高齢者世帯の満足度がやや低くなっているものの、両者の差は比較的小さい。

案外、子世代が勝手に、「申し訳ない」と心を痛めているだけなのかもしれない。

テーマ2

お金のこと

遠距離介護と帰省費用

通い費用に月五万円

「まさか、私が通うことになるなんて思ってもみませんでした」と、東京都在住のことのさん（四七歳）はため息交じりに話す。父親（八三歳）は、中国地方でひとり暮らし。近所にはことのさんの兄が妻や子と暮らしているので、母親が亡くなれば、兄が父親の世話をするのだと思い込んでいた。

ところが、母親の死後も兄はほとんど実家に姿を見せない。放っておくわけにもいかず、ことのさんが月に一回、飛行機で実家に向かうようになった。父親は病気やけがをしているというわけではないのだが最近すっかり心身が弱り、横になっていることが多いようだ。

食事をしっかりとらない。

誰かが気にかけなければ、冷蔵庫には消費期限切れの食品が当然のように顔を並べる。

「実家に二〜三日滞在して、冷蔵庫の整理から始めます。まず、消費期限切れのものや、前回作ったのに食べていないおかずを捨てる。そして、買い物に行って、何種類か煮物を作って小分けして冷蔵庫や冷凍庫に入れておきます」

月に一回帰省するだけで、どれほど父親の食生活を改善できるかはわからないが、それでも行かないのとはまったく違う。

ことのさんの帰省費用は一回あたり五万円ほどになる。子は私立の大学に通っており、莫大な学費のかかるさなか。一万円札がみるみる財布から飛び出していく。「勘弁して」というのが正直な心境だという。が、ことのさんはパートをしており、月に八万円ほど稼いでいる。家計はサラリーマンの夫の給料でまかなえており、もともとことのさんの稼ぎはことのさんの小遣いと蓄えにまわしていた。遠距離介護をはじめてからは自身の収入の大半を父親のために使うようになったわけだが、「うちは、夫の収入が安定しているので、まだいいほうですね。だからできるんですね」と言う。

夫の給料から出すためらい

ことのさんのケースは、ことのさんにもパート収入があること、夫がサラリーマンで安定した収入があることで、金銭的には苦しいというもののなんとかなっている。

セミナーなどの場でこんな質問を受けることがある。

「親に会いに行くにはお金がかかる(片道)」

・パオッコ調査(2001)

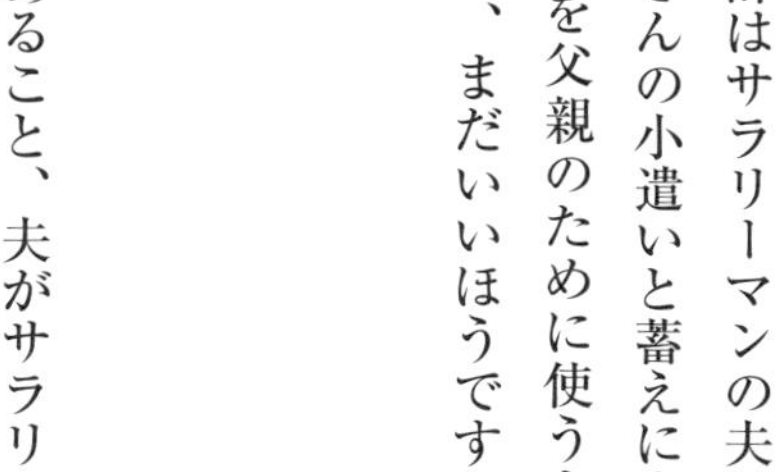

自分の親に会いに行く場合。
往復では約3万円かかる。

「実家では母がひとりで暮らしています。ときどき帰って様子を見たいんですが、九州なもので、交通費だけで結構な金額になるんです。私は専業主婦だし、主人になんと言って、交通費をもらえばいいんでしょう」

これは返答に窮する質問である。

夫に支払われる給料といっても、妻が家事を行っているのだから、夫婦共有の財産だと考えていいはずである。

そういう風に考えられないのなら、ことのさんのようにパートに出て稼げばいいともいえる。

が、現実に考えると、そう簡単なものではない。

実際、もし一度も働いた経験がなければ、五〇代になってパートを見つけるのは至難のはずだ。そもそも親のところに通いたいからパートに出よう、という発想にはなりにくい。

そして、自分自身に収入がないことで、配偶者に遠慮する……。

が、これはなにも「妻」だけに限ったことではないだろう。

夫名義の給料であっても、妻が管理している家庭が少なくない。夫は妻から「小遣い」という名目でお金を受け取る。そのなかから、帰省費用を捻出するとなればやはり厳しい。

どうするか……。

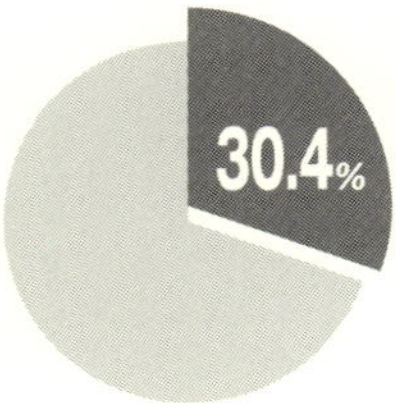

「自分の親もとへの帰省費用を配偶者に気兼ねする」

・パオッコ調査(2001)

3人に1人が遠慮する現実。

妻に「帰省費用をちょうだい」と言わなくてはならない。といっても、どこの家もやりくりは大変であり、夫も妻に遠慮をすることとなる。

世の中の建前的には、「配偶者の親」も「自分自身の親」という考え方であるが、実情は「配偶者の親」は「配偶者の親」、「自分の親」は「自分の親」。こういった考え方が一般的となってきているのではないだろうか。結婚以来、一度も一緒に暮らしたことがなければなおさらだ。

以前こんなことを言った人がいた。夫の親と自分の親が立て続けに体調を崩し、双方の親もとへの通いがはじまった。

「夫の親への遠距離介護がはじまった後だったので、私が私の親もとに帰ることに遠慮しなくて済んだ」

帰省頻度と時間とお金

ことのさんのように、隔月、あるいは月に一回程度様子を見にいくほどでいい場合はまだなんとかなるかもしれないが、親の心身状況によっては、帰省頻度を高めなければならなくなる。

実際、片道四～六時間かけて月二～三回帰省する人も少なくない。六時間以上かけて週に一回帰省する人もいる。こうなってくると、精神的にもかなり追い詰められてくるのではないだろうか。

交通費別にみても、一往復六万円以上の交通費をかけて、月に二〜三回、あるいは一往復四万円以上かけて週に一回以上行き来している人もいる。

一般的に遠距離介護が過酷だといわれるのは、このあたりからだろう。


くにおさん（五〇代）は、東北地方で暮らす母親のもとに隔週末通ったひとりだ。片道五時間以上。往復の交通費は一回四万円。平日はサラリーマンとして働き、土曜の朝の新幹線で故郷へ。一泊して日曜の夜に東京に戻ってくる。月曜から金曜は仕事。そんな生活を二年も続けた。昨年、母親は認知症がすすんだので、都内の施設に入居。くにおさんの遠距離介護は終了した。現在は毎週末、施設に出かけて母親の様子をのぞく。

彼の場合、昔から「長男」として両親の期待を一身に受けていた。姉も都内で暮らすが、姉は同居の姑の介護をしており、ほとんど実家には顔を出せない。

「両親は、僕が田舎に戻って、家を継ぐことを望んでいました。それができない。申し訳ないという思いから、毎週の通いを続けてきたのだと思います」

「娘」はよそに嫁に出した子。それに対して、「息子」は跡継ぎと考えている高齢者は少なからずいて、その思いを子世代は敏感に感じ取っている。できれば期待に添いたいという思いもあるが、それは簡単なことではない。

「月に2〜3回、
4〜6時間かけての帰省
も少なくない」
・パオッコ調査(2001)

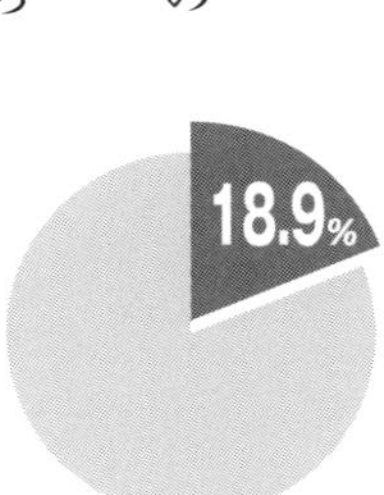

約2割。かかる費用も
想像に難くない。

くにおさんは実家への通いを二年間、ほとんど休むことはなかったという。隔週が毎週となった期間もあった。通いと仕事の両方が、生活のペースになっていた。

「妻がなんて思っていたかはわかりません。けれども、妻は同居するのは嫌だと言っていましたし、それよりは私が通い続けることのほうがよいと思っていたんじゃないでしょうか」

もったいない……

遠距離介護を行ううえで、もっとも大きな出費は、「交通費」だ。

多くの人は、少しでも安くしたいと方法を模索する。

埼玉県で暮らすあきえさん（四六歳）は、ため息をつきながら夫（四九歳）のことを話す。夫の実家は中国地方にある。夫はひとりっ子で親をみるのは彼しかいない。けれども一向に、実家に足を運ぼうとはしないのである。

交通費が高くつくとか、時間がないとか、理由ばかりつけている。

「今は、運賃にもいろいろな割引サービスがあります。確かに正規料金で帰れば、大きな費用がかかりますが、一か月くらい前に予約をすれば、安くなる航空券もあります。それに、うちは子どもがいないので、金銭的にはゆとりがあるほうなんです」

あきえさんは、毎月とはいかなくとも隔月かせめて三か月に一回くらい、夫が実家に顔出ししたほうがよいと思っている。

むこうには、親戚も多く、しばしば電話がかかってくる。「たまには、顔を見せてやれ」、と。電話をとるのはたいていあきえさん。その対応をするのが心の負担だという。

金銭的にはゆとりがあるはずなのに、夫が実家に帰る交通費を渋るのには理由がある。

夫はゴルフにのめり込んでいる。あきえさんはやらないのでよくわからないが、夫は高価なクラブを買い、月に二回はコースをまわっているようだ。結構な額をつぎ込んでいる様子だという。

親戚が帰省をしつこく催促してきたときに、一度夫婦で言い争いになったそうだ。「ゴルフ、ゴルフって、たまには我慢して、実家に顔出ししてきてよ」と、あきえさんが怒鳴った。夫も大きな声で応酬してきた。

「僕が実家に顔出しして、いったいなんになるって言うんだ。食事を作れるわけじゃないし、むこうの生活ペースを乱すだけだ。おふくろは、僕が行くって言えば、ごちそうをこしらえて待っている。疲れさせるだけだろ」

「お義母さんがごちそうを作るのは、あなたが来るのがうれしいからよ。行って、なにもできなくても、一緒にご飯を食べるだけで、むこうはうれしいのよ。親戚だって、あなたが顔出しすれば、それで納得するのよ」

しかし、あきえさんの言葉は夫には届かない。

「そんなに心配なら、君が行けばいいじゃないか」と言われ、あきえさんは言葉を返すことをやめた。夫が行かないからといって、代わりに自分が行くという気持ちにもなれない。

「彼は実家に帰るために費やすお金と時間がもったいないんでしょ。それだけあれば、いいコースをまわれるから」

一回、数万円ほどの交通費をかけて親の顔を見に行こうと思う子世代と、思わない子世代。

それぞれの生き方とか価値観によるところなのだろう。正月であるとか、法事があるとかの理由があればお金をかけるが、特に用事がなければ迷う気持ちはわからなくもない。

特に、食事の用意などの家事ができないとなると、「行ってもなにもできない」という気持ちになるのかもしれない。

親のお金が帰省費用に

「ときどきは、親の様子をのぞきにいこう」と決断したとしたら、その費用をどうやって絞り出すかは悩ましい課題である。

さまざまな割引サービスを使っても、交通費が必要なことには変わりがない。

そんななか、帰省費用を親からもらってやりくりをしている人がいる。

実際、パオッコ会員のなかにも、帰省費用をもらっている人はいる。主に通い先となる「親本人」からもらっているようである。

なかには、「老いた親からお金をもらうなんて、考えられない」という人もいるが、親が好んで渡しているケースもあるようだ。

最近もこんな話を聞いた。

さよこさん（五七歳）は、一か月に一回、三日ほど故郷に帰省して母親（八五歳）の身のまわりの世話をする。往復は新幹線を利用。新幹線の費用だけで三万円以上になる。行くたび、母親は「はい、交通費」と言って旅費をくれるそうだ。

「母も渡すことでいい気分みたい」と、さよこさん。母親と連れ立って買い物に出かけ近所の人に出会ったとき、決まって、「東京の娘さんが、毎月来てくれるなんて幸せね」と母親に言う。

すると母親は、「そんなことないわよ。私が旅費を渡しているのよ」と、胸を張るように答えるそうだ。さよこさんは一瞬、むっとするが、ぐっとこらえる。

これで、バランスが保たれているのだ、と。母親はもともとプライドの高い人である。娘に世話をかけているとは思いたくないのだろう。

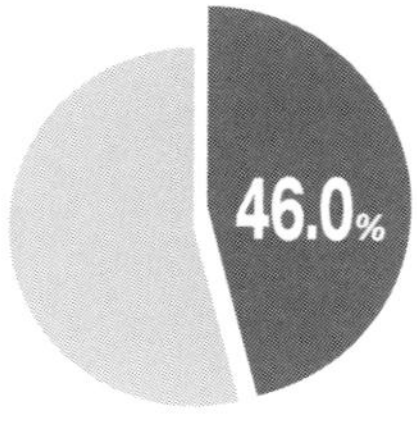

「なにがしか、親から帰省費用をもらっている」

・パオッコ調査(2001)

全額自己負担は52.0%。

「ちょっとのぞく」ができれば

遠距離介護者の声には、「交通費などが負担だ」という声がある一方、「遠距離介護に役立つサービスがほしい」という声も多い。

お金はないが、サービスはほしいというのは、矛盾していないだろうか。どんなサービスも「ただ」では利用できない。が、これが現実の「生の声」なのである。

遠距離介護にかかる出費を負担と感じていても、「もし、もう少し遠距離介護がスムーズにできるサービスがあれば使ってみたい」。サービスに対する価値観、費用対効果は人によって違う。経済的負担を抱えているからこそ、それを軽減するもっといいサービスがほしいという本音ともとれる。遠距離介護の場合は、もしとても安心感のあるサービスが親の身近にあったなら、帰省頻度を減らすことが可能となるかもしれないからだ。

「遠距離介護のためにかかる費用は負担だが、使い勝手のいいサービスがほしい」。この「声」は交通費割引だけに発せられたものではない。

では、一番ほしいサービスはなんだろう。

アンケートによると、第一位は「緊急時に自分に代わって駆けつけてくれるサービス」だ。

たとえば、離れて暮らす親から「熱があって寝込んでいる」といった電話がかかってくるとする。片道二時間の距離であれば、すぐに家を出て親の家に向かうのかもしれないが、仕事の都合でどうしても行けないときもある。

片道六時間だとしたらどうだろう。入院であれば出かける用意をするが、風邪と言われたら、出かける気持ちになれないのが実情では。片道三万円なら往復六万円。六万円も出すなら、その何分の一かで、代わりに駆けつけて様子をみてくれる人がいれば……、とも考えるだろう。

こんなケースを聞いた。四〇代のかずとさんの両親は、故郷で二人暮らしをしていた。両親はどちらも七〇代。父親は「男子厨房に入らず」を地でいくタイプで、家事全般を母親が行っていた。

かずとさんは、順序としていずれ父親が亡くなり、残るのは母親だろうと漠然と考えていた。ところが、思いもしなかったことが起きた。元気だった母親が突然、心臓の発作で死去。家のことをなにもできない父親が残された。

葬儀を済ませ、一週間後にはかずとさんは東京に戻らなければならない。このままでは、父親の暮らしはまわっていかない。なんとかしなければ。

その一週間に、かずとさんはできることをすべてやった。

①　地域の有償ボランティアの家事援助サービスを利用できるように段取り。週に二回、来てくれることになった。

②機能の少ない単身者用の炊飯器と、電子レンジを購入（母親が使っていたのは、機能は優れているが、操作が複雑で使いにくい）。ご飯を炊くことと、お惣菜を温めることだけを教えた。

③近隣の人に、「なにかあったら、連絡をください」と、自分の携帯電話の番号を渡して挨拶をした。

これだけで、なんとか父親の暮らしは進みはじめたが、それでもかずとさんは頭を抱えることが何度かあった。母親が亡くなって二か月ほどたった、日曜日の朝七時ごろ。父親からの電話が鳴った。

「なんだか具合が悪い。今から来てくれないか」

父親は日曜日だと思っているのかもしれないが、「今から」といっても、すぐに起きて用意をして出かけたとしても、実家にたどりつくまでには四時間はかかるだろう。しかも翌日の月曜は出勤しなければならない。それに一瞬、顔を見に帰るだけでも往復三万円もかかってしまう。それでなくとも、母親の法事でたびたび帰っており、出費がかさんでいた。

その後も同じようなことが何度かあった。

そのたび、隣の人に様子をのぞいてくれるようお願いしてしのいだ。

半年もすると、母親の死を受け入れることができ心が落ち着いたのか、そういう電話もなくなったが、かずとさんは、「ちょっとのぞきに行ってくれるサービスがあれば、どれほど助かっただろう」と当時を振り返る。

交通費0円の遠距離介護

離れて暮らす親のケアというと、「お金がかかる」。ある程度、覚悟せざるをえない。割引サービスを利用。親から交通費をもらう。

こういった解決策を提示しても、「どちらもお金があってこそ。うちには無理」とため息をつく人もいるかもしれない。

経済的にどうにもならなければ、通えない、あるいは通いの頻度を減らすしかない。それが現実だと思う。

通いを伴わない遠距離介護もあるようだ。

実際、こんな相談電話を受けたことがある。声の主は四〇代のなおみさんだった。母子家庭で、子は障害があり、家を空けることができない。金銭的にも帰省費用を捻出するゆとりはないと言う。故郷では母親がひとり暮らし。認知症で、たびたび徘徊するらしい。ある晩、母親が暮らすアパートの大家さんからなおみさんの家に電話があった。「帰ってこない」と。が、数百キロ離れた故郷の母が徘徊で行方不明となっても、なおみさんはなすすべがない。

母親の暮らす地域の民生委員に電話をして、母親を探してもらってことなきを得たが、今後、どうしたものかという悩みだった。子のことで世話になっている福祉事務所の職員は、子に障害があることなどを話して、施設入居も含めて実親のことはむこうの民生委員や福祉事務所にまかせておけばいいと言ってくれたらしい。

子が通って行けなくても社会全体でひとり暮らしの高齢者をみる。介護保険もある。

なおみさんは、もう何年も母親と会っていないと言った。だが、母親のことを忘れたわけではない。とても気にかけている。彼女にとって通いの年間交通費は0円ということになる。

彼女に限らず、数十年も生きていると人はそれぞれ、さまざまな事情を抱えている。

遠距離介護と親のお金

悪質商法が横行する現代

ひとり暮らしの高齢者を標的にした悪質商法のニュースが後を絶たない。

二〇〇五年春、埼玉県富士見市で、「認知症」の八〇歳と七八歳の姉妹が総額五〇〇〇万円にのぼる自宅のリフォーム契約を次々と結び、代金が払えなくなったため、自宅が競売にかけられていた事件は、記憶に残っている人も多いのではないだろうか。リフォーム工事を契約した業者は少なくとも一六社にのぼるということだった。

以降も、さまざまな事件が報道されている。

ニュースでは、標的とされるのはひとり暮らしの高齢者、あるいは高齢者だけの世帯、というように表現されるが、これはつまり、「離れて暮らす親」そのものである。もちろん親族のいないお年寄りもいるが、別のところで子が所帯を構えているというケースは多い。実際、住宅リフォーム以外にも、健康食品だとか、電話器だとか、「親が不要なものを購入（契約）した」という声を頻繁に聞く。

「家計調査」によると、世帯主が六〇歳以上の世帯（単身世帯は対象外）の平均貯蓄残高は、平成一七年では二四五九万円。全世帯平均である一七二八万円の一・四倍だ。うち、四〇〇〇万円以上の貯蓄を有する高齢者世帯が一九・〇％を占めている。

所得は多くなくても貯蓄がたくさんあるお金持ちの高齢者！

しかも、高齢者だけで生活しており、身近なところに相談相手がいない。子世代が遠くに暮らしているから、子の姿が身近に見えない。悪質業者にとって格好の標的となるのは自然の流れだろう。

お金は生きていくために欠かすことができないものである。悪い奴等に奪われるわけにはいかない。

親と子の金銭感覚の逆転

東京都内に住むただしさん（四五歳）の両親は、山間の田舎町で二人暮らしをしている。

三か月ほど前のこと。

実家の近所に暮らすただしさんの従兄弟から、電話がかかってきた。

「お宅の前を通りかかったら、工事の人がはいっているみたいだったけれど、知っているか？」

ただしさんは、寝耳に水だった。その前の月に帰省したが、そんな話は聞いていいない。

両親とも八〇代であり、父親は介護保険で要介護一と認定されて、週に二回デイサービスに通っている。母親は比較的元気に過ごしている。特に、家に不具合があるという話もしていなかったし、倹約家の親たちだけに工事を行うということに、どうも納得がいかない。

ただしさんは、すぐに実家に電話をした。

電話をかけてわかったことは次のとおり。工事がはいったのは確かだった。

① 四日前に、「今なら、無料で耐震調査を行う」と業者が突然やってきた。

② 地震に不安を感じていた母親は、「無料なら」と業者を招き入れた。

③ 業者は、床の下に入り、「放っておくと、大変なことになりますよ。すぐに耐震工事をしなければ」と勧めてきた。

④ 母親が金額を聞くと、「一二〇万円」と言われた。とても支払えない額だし、断ったが業者は帰ろうとしない。一時間も粘られて、母親はとうとう判をついた。

⑤ 翌日、業者はやってきて工事を行った。今、母親の手元には一二〇万円の請求書があり、一週間以内に振り込まなければいけないことになっている。

ただしさんは母親の話に驚き腹立ちを覚えた。

どう考えてもわずか一日の工事で、一二〇万円というのは、法外に思える。翌朝、実家のある自治体の消費生活センターに電話で問い合わせたところ「クーリングオ

▼クーリングオフについては国民生活センターが詳しい。
http：//www.kokusen.go.jp/mame/data/mame05_d08.html

フ」の手続きをとるように言われた。

クーリングオフとは、セールスマンの突然の訪問を受け、巧みな売り込みや強引な勧誘により購入意思がはっきりしないままに契約をしてしまった場合でも、一定の期間内・一定の条件の下で、一方的に契約の解除をすることができる制度だ。

このケースでは、八日以内であれば無条件で解約できる。クーリングオフ通知をした場合、すでに工事を開始していたとしても、また工事が終了していたとしても金銭を支払う必要はなく、原状回復を請求することもできるという。

ただしさんは、再び母親に電話をかけて解約することを告げると手続きの書面を書いた。業者にも電話をかけた。最初は、ぐだぐだ言っていたが、消費生活センターに相談した旨を言うとぴたりと引き下がり、解約に応じた。

母親には、今後なにかの業者が来たら、すぐに相談するように念押しした。しつこい業者には、「息子に相談しないと、あとで怒られるから」と言うように言った。母親も安心したようだったという。

それにしても、なぜ、母親は「一二〇万円」という大金の請求をされて困っていたにもかかわらず、ただしさんに相談してこなかったのだろう。

ただしさんは相談されなかったことが残念だった。父親はともかく、母親は自分のことを頼りにしているものだとばかり思っていたからだ。

すべてが解決したあとになって、ただしさんは母親にどうして相談してこなかったのかと問うた。母親は「叱られると思った」と言ったらしい。

親としての面子もあるだろう。

親子がひとつ屋根に暮らしていたころは、「お金は大切なもの」と教えるのは親の役割だった。騙されたりするものなら、「しっかりしろー！」と怒鳴りつける親も多かったのではないだろうか。

いつのまにか、親子の役割が逆転する。


かおるさんの母親（七〇歳）は実家でひとりで暮らしていた。あるとき、交通事故で入院したという連絡が入り、かおるさんは病院に駆けつけた。幸い、命に別状はなく、二週間ほどで退院できると言われ、ほっとする。かおるさんは、母親に対して、入院保険に加入しているかどうかを尋ねた。母親は、「入っていない」と言った。

かおるさんはその言葉を疑わなかったが、夜、実家に戻って居間の整理をしているときに、保険会社からの封筒を見つけた。いい機会だからと生命保険などについても、どのような契約を行っているか確認しておこうと証書を探した。家の権利証や通帳など大切な書類が、アチコチの引き出しに入っている。あえて、アチコチに入れているというよりは、適当に引き出しに片づけている風だ。

「うちのおかあさんって、こんなに整理ができない人だっけ」と、整理の悪さに困惑しながら探していると、ようやく生命保険の証書が出てきた。見ると、特約で入院保険にも加入しているではないか。

「もうちょっとで、請求しないところでした。うちの母も、いい加減なんだから」と、かおるさんはぼやく。銀行での自動引き落としで保険料を払っていたので、母親としても入院特約に加入しているという意識がなかったのだろう。

「大切なものは、しっかり整理して片づけなさい」というのも、昔は決まって親から子への言葉だった。

しかし、ただしさんやかおるさんの親が特別なのではなく、この手の話はとても多い。つい先日も、親の葬儀を済ませてから、亡くなった親本人が自身の葬儀のためにとかけていた互助会の契約書が出てきた、という話を聞いたところだ。葬儀が終わってから、「葬儀の契約書」が出てきても、後の祭りだ。

子にとっては「親」はいくつになっても自分の親である。逆に、親にとっては「子」はいくつになっても子であろう。

立場に変わりはなくとも、いろんなことが少しずつ変わってくる。

親の恋愛

お金とはとても大切なものであるだけに、ついうっかりで消えてしまうことは避けたいというのは、親世代・子世代問わず共通するだろう。

まきこさん（四〇代）は、ひとり暮らしの母親のお金のことが気になっている。五年ほど前に父親は亡くなった。母親の年齢は七〇歳を過ぎたばかりだという。

最近、母親は同い年くらいの男性との交際をはじめたのだそうだ。

まきこさんは父親が亡くなってからは、定期的に母親の話し相手になろうと帰省を続けてきたが、最近は、自分の帰省を母親がそれほど喜んでいないように感じている。

帰省中の夕食時には、その男性も家にやってくる。三人で囲む食卓で、まきこさんは心中穏やかではいられない。母親はやわらかな表情を男性に向ける。年老いた母親に「女」を見ることに嫌悪する。

見るのが嫌なら、しばらく帰省を控えたら？

「そんなわけにもいかない」と、まきこさん。

実家は町の繁華街にも近く、大きくはないけれどもしっかりとした造りの一戸建てであるそうだ。父親が残した蓄えもあり、金銭的には裕福な状態である。

「男性も妻と死別のよう。私と同世代の子どもも二人いるみたい。経済状態はよくわからないけれど……。もし、母が結婚でもすれば大変……。監視のためにも、帰省をやめるわけにはいかないの」と、不機嫌そうに話す。

はっきりとは言わないが、いずれ発生するであろう遺産相続のことが気になっているふうだ。相続以前の問題として、今、母親とその男性の交際に父親が残した財産が使われていないかということも気にしている。

しかし、「恋路」にケチをつけられれば、腹が立つのは老若同じではないだろうか。おそらく、まきこさんが「監視」のために帰省していることは母親には伝わっているだろう。だからこそ、よけいに母娘の関係がぎくしゃくする。母親がまきこさんの帰省を快く思わなくなったのも当然かもしれない。

先日、ついに母親から、「私のすることが気に食わないなら、帰ってきてくれなくていいわよ」と言われたそうだ。

まきこさん自身、「父親が残したからといって、今は母親のお金なのだし、どんなふうに使ってもいいじゃないか。借金をするわけでなし、母親が幸せなら、それで……」と考える日もあるそうだ。

けれども、なぜだか、理性と感情は同じ方向を向かない。まきこさんは嫌がられつつも、帰省を続けている。

財産も一緒に「引き取る」

「親のお金」といえど、いずれは「相続」の可能性を秘めているからなのだろうか。「子」にとっても無関心ではいられず、きょうだい間のトラブルに発展することもある。

みやこさん（五〇代）の母親は、実家でひとり暮らしをしていた。

昨年のこと、からだが弱り、ひとりで生活することが難しくなってきた。帰省したときにずいぶん弱っていたので、「しばらく、うちに来る？」と提案してみた。母親が珍しくその提案にうなずいたので、実際に同居が可能なものかどうかを見定めようと、しばらく自宅に連れ帰って様子を見ることにした。

自宅に母親と戻って、すぐにみやこさんは兄に電話をかけた。母親を自宅に連れて帰ってきた事情を話すためだ。

すると、電話のむこうで、兄は「なにを勝手なことをする」と怒鳴りはじめたそうだ。当時、兄はリストラで職を失っていた。

みやこさんにすれば、兄が職をなくして大変な時期であるので、自分が母親をみようと思ってのことだった。

しかし、兄にすれば仕事をなくし経済的に苦しくなってきたときに、母親の財産や年金は魅力的なものにうつったのかもしれない。自分にとって「魅力」があるものは、きょうだいにとっても「魅力」にちがいないと早合点したのではないだろうか。

三日後、兄はみやこさんの家を訪れ、母親を連れていってしまったそうだ。

親のお金を負担するのは当然か

親が裕福とは限らない。

六二ページで紹介したように「お金持ちの高齢者」が少なくないことも現実である。

一方で、「国民生活基礎調査（平成一六年）」で高齢者の年間所得を調べているが、もっとも多いのは年間所得が、「一〇〇～二〇〇万円未満」という世帯である。一〇〇万円未満という世帯も一五・二％もある。

蓄えに関しても、「足りないと思う」と答えている人が半数近くもいる。

実際、親に仕送りをしている子世代もいる。

パオッコのアンケート調査でも、親に対して「生活にかかる費用やこづかいを渡すことがある」と答えている者が四割以上いる。大半は年間にして一〇万円未満だが、なかには一〇〇万円以上負担している子世代もいる。

老親に対して、お金の負担をすることは当然だろうか。

神奈川県に住むはなこさん夫婦（六〇代）は、夫の父親が病気で倒れた二九年前から、仕送りをはじめた。当時、はなこさんは愛知県にある夫の実家で看病したが、およそ一年後、義父は亡くなった。以来、義母はひとりで暮らしている。義母はちょうど九〇歳。

現在の仕送り金額は月五万円。誕生日やお盆、正月などの物入りなときは、多少増額するので、年間の仕送り合計額は七〇万円ほどだという。

現在の貨幣価値で考えると、この二九年間でおよそ二〇〇〇万円となる。

はなこさんに聞いてみた。

親にお金を負担することは当然だと思う?

「当然とは思わないけれど、送らなければむこうの生活が成り立たないのなら、送るしかないと思う。もちろん、こちらが生活保護を受けているとか、生活できていないなら、話は別だけど」

義母は、とてもプライドの高い人で、現在も家事いっさいを自分で行っている。お金のこと以外は、自立心が強く、依存してくることはない。夫と義母の関係は悪くはないが、良好ともいえない。一年に一〜二回、墓参りに連れていくのに実家に顔出しするくらいだそうだ。

昨年、夫は定年退職し、はなこさん夫妻は年金生活がはじまった。夫に促され、はなこさんは義母にその報告の手紙を書いた。すると、義母から返事がきた。息子へのねぎらいの言葉に続き、「本来なら、仕送りを遠慮しなければならないところだけれど、そうもいきません。これからもよろしくお願いいたします」の文章があった。

これからも、義母が生きている限り、仕送りを続けていくのだろう。

「全部を足したら、すごい額になるし、何台車を乗り換えられたかな、とまったく思わないといったらウソになるけれど……。でも、世の中には、仕送りするのも当たり前、子ども家族の生活に口出しするのも当たり前、介護するのも当たり前、って親もいるでしょ。それに比べれば、いいほうだと思う」

義母から顔出しすることを促されたことはないし、生活に口出しされたこともない。

月に二回ほど、近況報告の手紙を出すことを、はなこさんは結婚以来、ずっと続けている。

昨年、義母は孫の結婚式に出席するために、はなこさん夫婦の自宅にやってきた。迎えに行こうかと言っても、不要だという。ひとりで新幹線に乗ってやってきた。そして、数日後、新横浜まで見送りしようとすると、「ひとりでだいじょうぶ。日本語は読めます」と言う。

「かわいげのない義母だけど、ある意味、その生き方はあっぱれ。九〇歳で、これほど毅然としているなんて。我が家に滞在中も、娘の帰宅が遅かろうが、急に出かけて行こうが、まったく詮索しない。部屋で、自分の好きな本を読んで淡々とマイペースに生活をする。『これ、食べません？』ってお菓子を勧めても、『嫌いです』って感じ……」

そんな大正の女の姿を見て、はなこさんの二〇代の娘は、「おばあちゃんの生き方は、見事。わかりやすいし、好き。カッコイイ！」と言うそうだ。

義母は、住み慣れた愛知の自宅で暮らし続けることを決めている。理由を問うと、「施設とかに入れれば、必ず、嫌いな人間がいる。そんななかで我慢するくらいなら、ひとりでおります」と言うのだそうだ。

とはいえ、高齢なので、いつなにがあっても不思議ではない。今後のことはわからない。

「もし介護が必要になれば、私が義母をみることになるでしょう。でも、あれだけプライドの高い人だから、介護なんてさせず、いつかぽっくり逝くのかもしれませんね」と、はなこさん。

生きていくためにはお金がかかることは仕方のないことだ。どのように融通していくのかは親にとっても子にとっても悩ましいことではある。が、自立を支えていくために使えるのなら、お金とは、実際の貨幣価値以上の「価値」を生むものなのかもしれない。

コラム

「最後はお金よね」

離れて暮らす親子の取材をはじめて一三年になる。この間、何度、聞いただろう。

「最後はお金」

遠距離介護を行う子世代の口から、ため息のように出る言葉である。

時間のやりくりに破綻してきたとき、あるいは体力の消耗が限界を超えようとしたときなど、通いに行き詰まったところで思わずもれるグチなのだろう。

お金があれば、頻繁に行ったり来たりできる。お金がないために、本当は飛行機に乗りたいところを、高速バスを使って、体力を消耗してしまっているケース。若い世代ならともかく、六〇歳を過ぎ、ひと晩バスに揺られての帰省はこたえるだろう。

あるいは、親の心身状態が弱ってきて、「もっといいケアを受けさせたい」と思ったとき、「サービス」は買わなければならないことに気づく。お金さえ出せば、二四時間体制でホームヘルパーに来てもらうことだってできるわけだ。

マスコミで紹介される有名人の介護体験談を見聞きしながら、「これはお金があるからできるんだ」と、ついうらやましく思うこともある。

老人ホームを見てまわっても、月々の負担を考えて躊躇するケースも少なくない。けれども、残念ながら、急に金持ちになるなんて無理だ。

気持ちが煮詰まってきたら、発散あるのみ。

NHKの二〇〇二年「日本人のストレス実態調査」によると、ストレス解消法においては、六〇歳代までは男女いずれもトップは「会話」となっている。

女性は、会話、買い物、食事が上位三位で、男性では、会話、運動、食事。

買い物はお金がかかりそうだが、友だちや家族と、あーだ、こーだと話すのはただである。どうでもいいことを言っては、笑う。

もしかして、おしゃべりの最後はグチになってしまうのか……。

実は、「最後はお金よね」と言いながら、心身ともに健康を維持しようともがいているのかもしれない。

それなら、おおいに言おう。

「最後はお金」

けれども、お金があったらあったで、トラブルになることもある。

宝くじが当ったとたん、見知らぬ親戚や知人が周囲にワンサカ、なんて話を聞くこともある。果ては、いつか自分の子どもたちが財産争い、なんてことも。

どちらがましだろう……。

テーマ3

健康のこと

遠距離介護と自分の健康

精神的にも、肉体的にも限界

なおさん（五一歳）の両親は、なおさんの住まいがある東京から新幹線で一時間ほどの実家で、二人暮らしをしていた。七〇代前半のころまでは、両親二人が支えあって生活しており、なおさんたち子が頻繁に帰省する必要はなかった。七〇代後半になって以降は、母親の足腰が不自由となり家事ができなくなった。しだいに、帰省の頻度を高めるようになる。

さらに、父親は七九歳のときに内臓にがんが発覚した。

父親が手術のために入院すると、自宅には歩行が不自由な母親だけが残ることになる。その一年ほど前から、母親に代わって家事は父親が行うようになっていた。そんな母親を自宅にひとりにしておくことはできず、妹とスクラムを組んでの介護が始まった。

自宅にいる母親の世話と、入院中の父親の看護。

父親は術後の経過がよくなく、退院できない。体は弱っていく。

なおさんと妹が一週間ごとに行ったり来たりする。月に一回は末っ子の長男も実家に通ってきた。

一時的に施設に滞在するショートステイサービスに母親を預けることもあった。しかし、一週間だけの滞在でも、母親は「行くのは嫌だ」とたびたびごねた。

父親が入院した当時、なおさんは花屋でパート勤めをしていた。

半年ほど前から勤め、そのころには店のことをひととおりできるようになっていた。力仕事も多く、水で手が荒れることもあるが、とにかく楽しい。けれども、介護との両立は無理だと思った。続けるには変則的なシフトでしか入れない。それではパートの主婦仲間四人にあまりに迷惑をかけてしまう。

考え抜いた末、オーナーに辞める話を切り出した。すると、パート仲間のひとりが割って入った。

「シフトはなおさんを中心に考えるから、一緒にがんばろう。親は、必ず亡くなっちゃうのよ」

なおさんよりも年上の彼女は両親を亡くしている。介護では苦労したと聞いていた。それだけに、「親は必ず亡くなる」という言葉は重い。反発を覚えつつも、納得せざるをえないものがある。

「ありがたかったですね。いいのかな、という気持ちはあったけれど、仕事は続けたかった。『よしっ、きっとなんとかなる、やるぞっ！』って」

東京にいるときはパート中心の生活。そして、介護、という二重生活がはじまる。


しかし、やってみると想像した以上にからだはきつい。

両親のことは大切に思うし、いつまでも生きていてほしいと心から思っている。けれども、その思いとは別のところで、通いと仕事、家事という三役を担う日々のなかで、「いったい、この通いはいつまで続くのだろう」と思ってしまう。大学に通う子もいる。手のかからない年代とはいえ、ときには「母親としての顔」ももたねばならない。


いったい、いつまで続くのだろう……。

そんな考えを抱く自分自身がとてつもなく冷たい人間に思えて、胸が苦しくなる。

自分は親が亡くなることを待っているのか……。

精神的に苦しいだけでなく、体力的にもまいってくる。更年期なのだろう。すでに月のものはなくなっていた。激しい腰痛と肩こり。

実家に行かなければ、と目覚めても首が動かないことがあった。ほんの少しでも動かそうものなら激痛が走る。

それでも、行かないわけにはいかない。

行かなければ。

妹が帰ってしまうと、なにもできない母親が家にひとりきりになる。

もうだめだ、からだが動かない。

どうしてこんな生活をしなければならないの。

「ワーッと叫びたくなるようなことがありました。月に二泊しかしない弟に怒りをぶつけたり、『義妹はなぜ来ないんだ』と怒鳴ったり、どんどん嫌な人間になっていきました。苦しくて、苦しくて……」

そして、母親にもひどい言葉を浴びせかけた。

「ひとりじゃなにもできないくせに、ショートステイも嫌ってどういうこと？　私が倒れてもいいのね。いいかげんにしてよ」

今思えば、言ってはいけない言葉だった。

精神的にも肉体的にも限界だったのだろう。たとえ母親が嫌がっても、母親を父親と同じ病院に入院させるか、施設に入れるしかないと考えはじめていた。

このままでは、自分が倒れてしまう。

かといって、花屋を辞める気持ちはもうなかった。きついけれど、病院や実家での重く暗い気持ちを洗い流してくれる場となっていた。休憩時間には、パート仲間がグチを聞いてくれた。

なおさんが限界点を越す前に、両親の死が訪れた。

がんの手術を受けて一〇か月。父親が亡くなり、その一か月後、まるで母親は父親の後を追うように、脳梗塞で亡くなった。

親の生死は別次元

通いの頻度が増し、それが長期化してくると、疲れが出てくる。

「いったい、いつまで続くのだろう」という思考にいたって、そのまま自己嫌悪に陥っている人にたびたび出会ったことがある。

「いったいいつまで続くのだろう」

＝

「早く終わってほしい」

＝

「早く死んでほしい」

こういう方程式をつくりあげ、「自分はなんて冷たい人間なのだろう」と、自己嫌悪にいたるようである。が、この方程式は実在しない。

遠距離介護の終了を望む気持ちと、親の生命の存続に関しては、まったく別次元の思考なのではないだろうか。

「約7割の遠距離介護者が疲れを感じている」

・パオッコ調査(2001)

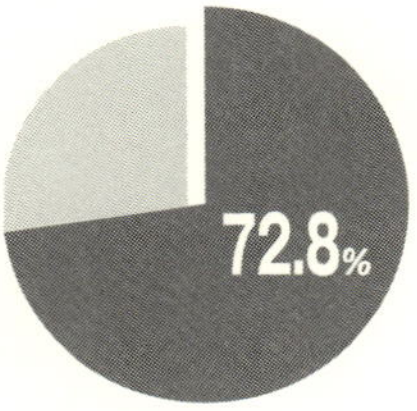

帰宅後、疲れを感じる経験がある。

「テーマ1」で、「一日でも長く生きてほしい」という気持ちとはちょっと異なると言ったようこさんの話をとりあげたが、彼女は「早く死んでほしい」と思っているわけでもない。「生きてほしい」と考えている。

「ごめんね、心細い思いをさせて。近くにいてあげられなくて、ごめんね」と唱えている子世代はとても多い。

実家を後にするときには、「もし、これが最期になったらどうしよう」と、涙がこぼれるという声もしばしば聞く。

「親と一緒に暮らさない薄情な子ども……」という思い込み。ときとして、自己嫌悪が大きな精神的な疲れにつながっていく。自身を追いつめる。それでなくても、疲れているのに、こんな追いつめ方をするとからだがもたない。

キツくても、なぜ通うのか

肉体的に、そして精神的にかなりきつくなっても、子世代が離れて暮らす親元にたびたび通っていく理由のひとつに、「孤独死をさせたくない」という思いがあることが少なくない。

孤独死を防ぐために通うというほど、通いの「主目的」となっているわけではないし、また、頻繁に通ったからといって、親の死に目に会えるとは限らない。

が、漠然とではあるが、多くの子世代が親に対して「孤独死をしてほしくない」と願っている。

不安に感じている。

ただ、この「孤独死」という言葉の使い方には、人によって温度差があるようだ。「絶対に看取りたい」と考えている子世代がいる一方、「看取れないのも仕方がない。誰もいないときに息を引き取ることもあるだろう」と考えている子世代も多い。前者は、「孤独死」とは「誰にも看取られないこと」と定義し、後者は、「死を数日間、発見されないこと」と定義しているように思う。

遠距離介護を行うなかでは、後者と定義したほうが得策であろう。後者と考えないと、在宅でのひとり暮らしの遠距離介護は困難だからである。

いや、遠距離に限らない。同居や近居であっても、二四時間一緒にいられるわけではないのだから、必ず看取るということはそれほど簡単なことではない。

夫婦二人暮らしなら、どちらかの具合が悪くなれば、もう一方が消防署なり、病院なり、ご近所、子のいずれかに連絡をするだろう。が、ひとりなら、突然苦しくなって、あるいは階段から転落して、電話のところまで行けるとは限らないし、倒れてそのままということは十分考えられる。

以前、寝たきりのひとり暮らしの父親の遠距離介護をしているちさとさんに出会っ

「親の孤独死、
どこかで気にかかる」

・パオッコ調査(2001)

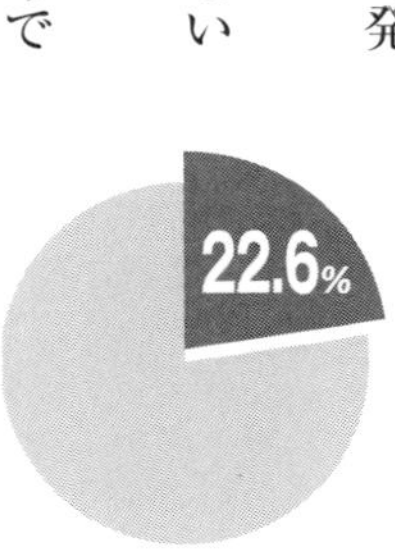

親の健康状態を危ぶむ
子どもは約半数。

たことがある。介護保険ではもっとも重度の「要介護五」。

彼女の心配も「孤独死」だった。

それを避けたくて、父親に何度も、一緒に暮らすことを提案した。が、父親の「この家で最期まで暮らしたい」という意思は強固なものだった。ちさとさんはフルタイムの仕事をしていて、実家に帰れるのは月に一回が精いっぱい。そこで、介護保険のサービスをフル活用し、毎日誰かが家に来るように手配。ホームヘルパーはおむつ交換のために、短時間だが日に何回かやって来る。

しかし、介護保険のサービスを限度額いっぱい使っても、父親はほとんどの時間は家にひとりだ。

娘の立場とすれば、無理にでも、自分の家に連れてくるか施設に入れるかするほうが精神的にははるかに楽だったのではないだろうか。

が、ちさとさんは父親の気持ちを尊重した。父親の意思を尊重すると決めたときに、「看取れないことも仕方がない」と覚悟を決めた。

父親は一日の大半をひとりで過ごすのだから、ひっそり亡くなる可能性は高い。

でも、毎日誰かがサービス提供に訪れるから、どんなに遅くとも二四時間以内には発見することはできる。

ちさとさんの場合、月に一回の往復なので、行ったり来たりの体力的なつらさはそれほどでもないかもしれないが、精神的なつらさは、どうだったのだろう。常に重くのしかかるものはあるにちがいない。

しかし、その表情は暗くない。どこかふっきれたような明るささえある。

自宅にいるときに、数百キロ離れた実家の心配をしてもどうにもならない。逆に、実家にいるときに、自宅のことを気にかけても仕方ない。

まるで、テレビのチャンネルを変えるように、「自宅」「実家」「仕事場」などの場面を使い分け、気持ちを切り替えている。その場面にいるときは、その場面でできることを行い、他のチャンネルのことは忘れる。

なるようになる

自分の家と親の家を行ったり来たり。

はじめは誰もがもがき苦しむ。

が、どれほどもがき苦しんだところで、結局はなるようにしかならない。

きっと、さまざまな葛藤を繰り返すなか、その結論にたどりつくのだろう。

世の中、意思や努力だけではどうにもならないこともある。残念ながら誰もが「万々歳」ということにはなりにくい。

めぐみさん(五八歳)は、高校を卒業と同時に故郷を離れ、東京で暮らすようになった。

両親は関東地方のはずれの小さな町で二人暮らしだった。

「私のことは、田舎では『親不孝の人でなし』と言われています」

その表現と、影のある表情に、息をのんだ。

なぜ、そんなことを言われるの？

実は、数年前に父親が自殺したのだという。

「田舎に帰ると針のむしろにいるようでずいぶん悩みましたが、悩んでも仕方のないことだし、疲れたし、もう考えるのはやめました」

めぐみさんは父親が自殺にいたった原因など、多くは語ろうとしないが、現在はその家で母親がひとり暮らしなのだそうだ。

「私はひとり娘です。父親の生存中、それなりに両親は生活していると思っていたし、盆と正月くらいしか帰っていませんでした。それが悪かったのかと自分を責めてもみました」

閉鎖的なところでは、「自殺」は「恥」といった風潮があるのかもしれない。

「自殺をさせた家の娘」というレッテル。

ひどく落ち込み、精神科でうつ病と診断された時期もあったという。

今もすっかり割り切っているわけではない。しかし、これ以上考えても、父親が生き返るわけでなく、自分が健康を害していく一方だ。

月に一回、三泊ほど帰省して母親と時間を過ごす。

近所の人とは顔をあわせれば挨拶を交わすが、それだけだ。

めぐみさんが遠くに暮らしていたことと、父親の自殺はまったく関係のない話であろう。

カウンセラーからも、「あなたが同居していたら、父親は自殺していなかったと思いますか」と聞かれたという。

確かに、そうはいえない。

親の人生と子の人生は別のものではないだろうか。

遠距離介護と残した家族

親の入院で実家に行ったきりに

東京都内で暮らすことみさん（五九歳）は、数年前の長女との一件を思い出すと胸が痛む。

ことみさんには三人の娘がいるが、結婚している長女がことみさんを怒鳴りつけた。

「また、兵庫に行くの？　死んだおじいちゃんと生きている娘とどっちが大切なのよ」

そのとき、同居していた会社員の三女が入院していた。

ことみさんにとっては、どちらが大切とか、大切でないという話ではなかった。その少し前に実父が亡くなった。実家のある地域では葬式のあと、一週間ごとにお逮夜《たいや》といって、四十九日が過ぎるまで毎週、親族が集まって法要を行うならわしがある。

ずっと都会で暮らす長女には法事が大切なものに思えるはずもなく、入院中の娘がいるのに東京を離れようとする母親に怒りを向けるのは無理もないことだといえるだろう。ことみさん自身、お逮夜のことをそれほど大事なしきたりとは思っていない。

親戚には娘の病のことを話し、法事を簡略化する提案をしたが、受け入れられなかったのだ。

とにかく、お逮夜の日がくると、実家に親戚が集まってしまう。

当時、母親は老人保健施設に入居しており、実家には誰もいなかった。ことみさんが帰らないわけにはいかない。

長女が怒鳴ったのは、積もりに積もった感情からだろう。

ことみさんの父親の入院から死まではおよそ一年。その間、ことみさんは、ほぼ故郷に行ったきりで介護を行った。父親は六回も転院させられ、最終的に母親と同じ施設に入った。

管だらけでも、やせ細っても、同じ病院には長く入院できないという日本の悲しい医療システムのなかで、父親は転々とさせられた。

最初に入院したのは腰の圧迫骨折が原因だったが、もともとリウマチの持病があり、薬の副作用で抱きかかえただけで内出血し、簡単に皮膚がめくれる。完全看護とはいえ、看護や世話の行き届かない病院もあるなか、ことみさんが付き添うしかなかった。また、常に次の転院先を探さなければならなかった。加えて、当初は実家にいた母親が、父親の入院後、不安からか、うつの症状がひどくなっていった。その世話も必要だった。

ことみさんが実家に行ったきりとなり、東京の自宅では会社員の夫と、三女が残された。

三女も勤務があり、それでなくとも忙しい日々を送っていたが、ことみさんに代わって食事の用意、洗濯など家事をこなしてくれた。そんな日常がたたったのか、半年ほどしたときに激しい腹痛を訴え入院。もともとは盲腸だったが、病院の誤診も重なり、入退院を繰り返すこととなってしまった。

父親の生前、こんなこともあったという。

ことみさんが、兵庫に向かっている新幹線のなかで、退院して自宅にいる三女から「おなかが痛い、助けて」というメールが携帯電話に入った。夫は出張で北海道だった。

兵庫の父親は入院中で、母親は精神的にかなり落ち込み、誰かれかまわず「入院したい」と訴えていた。娘から「助けて」というメールを受け取っても、東京に戻れない。たとえ戻ったとしても、またすぐに兵庫に行かなければならない。

見かねて、長女一家がことみさんの家に入って同居、三女をサポートする体制をとってくれた。

そんなこんなの一年だった。

父親の生前はともかく、亡くなってまで兵庫に出かけていくことみさんに、長女は腹を立てたのだろう。

ことみさんは当時を振り返り、後悔はしていない。仕方のないことだったと言う。けれども、三女が入退院の発端となった盲腸を患ったのは、勤めと家事のハードワーク、ストレスが原因だったのでは、という思いは消えない。

「娘にはかわいそうなことをしてしまった」と、つぶやく。

そう言いつつも、現在も三週間に一回、母親の様子をみるために兵庫行きは続いている。

子どもや同居の親をおいていく気持ち

離れて暮らす親のもとに通うと、どうしても自宅を留守にすることが重なる。そのたび、なんの支障もなく自宅を空けられるという人は、それほど多くはないだろう。

どこの家でも、なにがしかの問題を抱えている。問題というほどのことはなくても、自分ひとりがさっさと親のところに出かけていくことはできないことが一般的だ。自宅で担っている役目があるだろうし、不在になれば誰かにしわ寄せがいくのは職場と同じだ。

ことみさんの自宅では、三女が体調を崩した。ことみさんが言うように、仕事と家事が重なったことが原因かはわからないが、親の介護と三女が体調を崩す時期が重なったことは事実だ。

家庭内、職場に限らず、ごたごたとした問題は、なぜだか重なってしまうことが多い。

ことみさんのところは、子も判断力のある大人だったが、成人していない場合は、さらに心配はつきまとう。

子の受験を前にして、「どうか、受験が終わるまで、老親になにごとも起こりませんように」と祈っている人をときどき見かける。

子がもっと幼くて育児中であれば、自宅に残して親もとに出かけて行くことも難しくなる。

三〇代のまさよさんの父親が入院、手術を行ったのも、二人の子どもが幼稚園に通っていたときのことだ。

父親は胃がんを患っていた。まさよさんは子をおいて帰省するわけにもいかず連れていった。父親の手術の日には病院に行き、手術の前に病室へ行って父親の顔を見る予定だった。

が、子をどうするかで悩んだ。母親は病院に詰めているので、東京から子連れで出かけても、実家で幼い子をみていてくれる人がいないのだ。

結局、子どもたちのことは地元に暮らす幼なじみに預けて病院に駆けつけたが、すでに父親は手術室に入っていた。

「いったい、自分はなにしに来たんだろう」と思ったそうだ。

手術は無事成功し、三日後に東京に戻ったが、母親は父親の付き添いで疲れていたはずなのに、駅までまさよさんたちを見送ってくれたという。

「手を煩わせるだけで、無力な自分にがっかりした」とまさよさんはため息をついた。


一方、幼い子がいる場合と同様に配偶者の親と同居しているときも家を空けにくい。夫婦の年齢が近いと、親たちも同年代で、倒れる時期が重なることも珍しいことではない。

ななこさん（五四歳）もそんなひとりだ。

結婚と同時に夫の両親と同居。ここ八年、義母は寝たきりで、在宅介護を行っていた。

そんなとき、遠方で暮らす実母が倒れた。すぐに様子を見に駆けつけたいが、義母をどうするか。

夫に相談すると、「きみは介護があるから、無理だろう。むこうのことは男兄弟にまかせておけ」とこともなく言う。

なんて人だろう。自分の母親のことは八年もみさせておいて。

ななこさんは怒り心頭で、夫との離婚を考えるほどだった。八年もの長い期間、義母をみてきたというのに、自分は自分の母親をみに帰ることもできないのか。

ななこさんが、実母のところに行ったのは、それから二か月以上たってからだった。義母は介護保険のショートステイサービスを利用して、一週間だけ施設に入ってもらった。ショートステイは、利用を希望する人がとても多く、順番がまわってくるのに時間がかかった。

自分の居場所は？

気がかりなのは、幼い子どもや老親のことだけではない。

とくじさん（五七歳）は、長年連れ添った妻から離婚を切り出されて困っていた。妻の言い分はこうだ。

実家の親の介護をしっかり行いたい。親もとに行ったきりになりそうなので、自宅の家事、夫の世話をすることができない。申し訳ないから、別れてほしい。

もしかしたら、そのこと以外にも理由があったのかもしれない。が、表面化している問題はそういうことだった。妻はとても几帳面な性格で、家事にも手抜きができない。まじめであるがゆえに、実家と自宅の両方の家事、介護の両立に悩んだのだろう。

その時点で、妻は自身の居場所は自宅ではなく実家だと考えたのだろうか。

遠距離介護では、ときとして「自分の居場所」に悩むこととなる。こんな女性に出

る。

彼女は夫の赴任に伴い、海外で暮らしていた。高校生の子も現地の学校に通ってい会ったこともある。五〇代のゆうこさん。

そんなとき、日本の実家でひとり暮らしする父親が倒れた。

彼女は単身帰国し、父親を見舞った。ほんの一時帰国のつもりだったが、父親の世話をしていると日本を離れる決心がつかない。彼女には兄がいるが、兄も妹が戻って父親の介護をしてくれていることに感謝する。仕事が忙しくて、父親のところにはなかなか来ることができない様子だ。

それに対してゆうこさんは、日本にいる間は、家族も自宅と呼べる家さえもないのだ。海のむこうに帰らない限り、特に用事はなく、ずっと父親のそばにいられる。こちらの家族に重宝がられるのは当然だ。

ゆうこさんは、海外に残してきた夫と娘のことが気にかかっていた。けれども、それなりに暮らしはまわっているのか、ひとり暮らしの父親のことを案じてくれているのか、一向に「早く戻ってこい」と言ってこない。「気がすむまで、お父さんの世話をすればいい」とあくまで物わかりがいい。

最初は、そんな夫や娘に感謝していたゆうこさんだが、三か月が過ぎると、「自分の存在価値」が家族のなかにないように感じられ、孤独な気持ちになってくる。それとともに、自分の家族は海外にいる夫と娘なのか、あるいは、ここにいる父親なのか、わからなくなってきた。

深い悩みの淵で、父親の介護は続いた。

優先順位をつける

離れて暮らす親の介護にかかりっきりのときに、自宅にいる配偶者が倒れてしまったり、亡くなってしまったというケースもあった。

介護者世代は生活習慣病発症の多い年代だ。

千葉県に暮らすかよこさん（五八歳）の両親は、九州地方の小さな町で、夫婦二人暮らしをしていた。昨年、父親が病気で亡くなり、母親（八五歳）はひとり暮らしとなった。

かよこさんの夫は二年ほど前に脳梗塞で倒れた。幸い、右半身に麻痺は残っているものの、自分のことは自分でできるまでに回復している。とはいえ、血圧が高く、病気の再発を恐れている。かよこさんは夫のことが気にかかり、九州にはなかなか帰れない。

父親は養子だったので、実家は母親の生家だ。そのせいだろうか。千葉で一緒に暮らそうといくら言っても、母親は首を縦には振らない。

緑豊かな山間の町。母親はその緑を背景にした土地で暮らし続けたいのだろう。幸い、周囲には親戚も多い。母親は介護保険の認定を受けており、ホームヘルパーが週に二回やって来て、身の回りのことをやってくれる。

ヘルパーの来ない曜日は、昼前に弁当を配達してくれるサービスを利用している。かよこさんは帰省できない分、毎日夕方、母親に電話を入れる。長話となり、一時間くらい話すことも珍しくない。

「母の言葉のはしばしに、私の帰りを待ちわびている様子を感じます。『畑の野菜が見事にできたから、かよこに見せたいよ』とか、いつも言っています」

本当はすぐにでも帰りたい。しかし、ぐっと我慢する。今は、母親はそれなりに落ち着いた環境にいる。遠方にいる母親のことより、横にいる夫のことを大切にしたい。

「夫を大切にしたい、って言葉でいうときれいですが、自分の暮らしをまもりたいということなのかもしれません。今、また夫に倒れられたら、どうにもこうにもなりませんから。自立して、自分のことができる状況を続けてもらうことが、なによりも大切」と話す。

一瞬、間をおき、言葉を続ける。

「本当は、母親を呼び寄せて、夫と母と三人で暮らすことが夢ですが、思うようにはいきませんね」

介護を行うとき、「大切にする順位づけ」をすることは不謹慎だろうか。

人の価値に順位づけするなんておかしい、という人もいるかもしれない。しかし、きれいごとを言っていても仕方ない。人は誰もを幸せにできるほど万能ではないのではないだろうか。

かよこさんにとっては、一位が夫、二位が母親。

いや、一位が自分、二位が夫、三位に母親なのかもしれない。

まずは、自分とその同居家族の健康を大事にしなければ、親の介護どころではなくなる。自分が元気であってこそ、離れて暮らす家族のことを大切にできるのだ。倒れたら、逆に世話を受ける側にまわってしまう。

パオッコの会員のまきこさん（五〇代）がこんなことを言った。

「沈没しそうな船に実親と、配偶者の親が乗っていて、どちらかしか救出できないなら、どうする？」

まきこさんは迷わず、自身の親を救出するだろうと言う。

きっと、夫は夫の親を優先して助けるだろう……。

ひと昔前は、女性は男性の「家」に嫁ぐという考え方が主流であった。当時なら、泣く泣く妻も夫の親を助けたのだろうか。

現在ではそういう考え方に反発を感じる人が主流だといえよう。

いざとなったとき、やっぱり助けたくなるのは、自分の親にちがいない。

抱え込まないために

のりこさん（五六歳）の夫の母親は、アルツハイマー型認知症と診断された。義母は九州の都市部で暮らしている。

夫の姉が、「近所だから、介護は私が引き受ける」と申し出てくれた。ただし、休息をとるために「月に一回」は必ず帰省してほしいという。

考えた結果、のりこさんは「月に一回」の帰省は夫に行ってもらうことに決めた。なぜなら、義母はのりこさんが帰省するよりも、実の息子が帰省するほうがはるかに喜ぶことが想像できたからだ。

義母は六〇歳近い息子のことを、いまだ「ゆうすけちゃん」とちゃんづけで呼んでいる。大切なかわいい息子。

夫は忙しい会社員だ。一か月に一回、金曜日の夜、勤務先から直接羽田空港に向かい、そのまま実家に向かう。一泊か二泊して戻ってくる。

のりこさんは考えた。

実際に遠距離介護を行うのは夫だ。

では、自分になにができるだろう……と。

夫に対して、「いっさい、小言は言わない」と決めた。なぜなら、夫は仕事をしている時間以外は、一時も親のことが頭から離れないだろう。そんなとき、妻から小言を言われれば、ストレスになるにちがいないと思ったのだ。

妻からみれば、夫の日常生活には言いたい「小言」が山のようにあるのはどこの家庭も似たりよったりだ。

ワイシャツを脱ぎっぱなしにされることも嫌。

休日に、朝から晩まで居間でごろごろされているのも耐えられない。

飲みすぎて居間で寝てしまわれるのも困る……。

数え上げればきりがない。

全部、見ないことにする。さらに、のりこさんは夫の食事にも気を配った。できるだけからだに負担がないよう、野菜や魚料理を中心にするよう心がける。

のりこさんのところは、夫がまだ現役で働いている時期なので、遠距離介護には人一倍健康に留意した。

しかし、これが引退後であれば、また話は変わってくる。

しゅうこさん（六四歳）は遠方で暮らす九二歳の父親が入院することとなり、二週間ほど実家に滞在することを決めた。父親は高齢だが、元気に畑仕事に精を出している。ところが、背中に小さなできものができた。悪いものではないが、こすれると痛いらしい。本来なら日帰りで取れるのだが、念のため二泊ほど入院するという。

しゅうこさんは、明日、故郷に向かうそうだ。

父親は二〇年ほど前に前立腺がんで入院したことがあるが、そのときは今回とは状況がまるで違ったという。

二〇年前、夫は忙しく働き、子どもは高校生と中学生だった。

そんな状況で家を留守にすることは大変だった。

「今回は命にかかわる病気ではないせいもあるんだけれど、父親が入院っていうのに、こんなに気楽な気持ちでいいのかしら」とゆとりのある表情をみせる。

「昔は、何食分かを作って、冷凍して実家に向かったわ。今は近所にコンビニもできたから、夫の食事の心配はしなくていいの。好きなものを買って食べる。夫は定年して暇にしているから、掃除もしてくれるのよ」

当時は、しゅうこさんが一週間も家を空けると、新聞や郵便物がアチコチに散乱し、台所も洗っていない皿であふれていた。

しかし、今回、二週間ほど留守にしても、家の中は出かけたときのままだろうという安心感がある。

子どもが独立したこととも関連はあるが、それ以上に夫が掃除を覚えたことと、近所にコンビニと弁当屋ができたことの影響が大きいようだ。留守宅の食事の心配をしなくていいのは本当に助かる。

「自分の健康・お金・家族の生活が三大心配事だったが…」

・パオッコ調査(2001、2005)

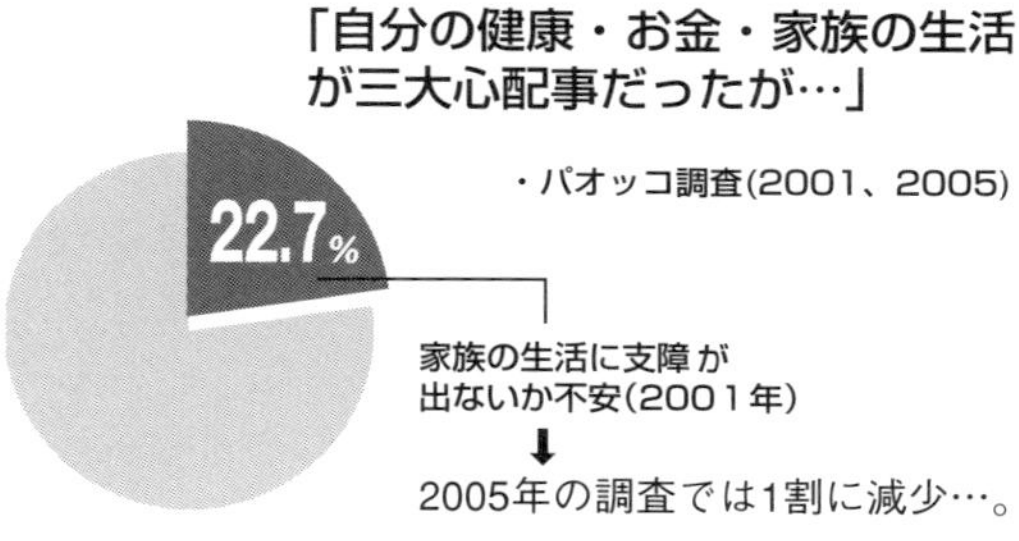
22.7%
家族の生活に支障が
出ないか不安(2001年)
2005年の調査では1割に減少…。

コラム

風呂敷は小さく広げる

親の心身が弱ってくると、あれもしてあげたい、これもしてあげたいと思うことがある。

それ自体は悪いことではない。

しかし、感情のままに「毎月二回は帰省しよう」とか、「日に一度は必ず電話するぞ」などと思い、公言してしまうと、当然親は期待する。

親の身近にいる人たちも「いい息子（娘）だ」と納得し、その行為は継続されるものと信じる。が、自分自身の事情で継続できなくなるかもしれないし、親の症状が思った以上に安定してくるかもしれない。

いったん広げてしまった風呂敷を小さくするのは難しい。

小さくすると、今度は一気に、「冷たい息子（娘）」というレッテルを貼られてしまいかねない。

他人になんと思われてもいいのだが、親のがっかりした顔を見るのは子としてはつらく、風呂敷を縮小したことに罪悪感を抱くようになる。それはとっても苦痛なことだ。

年老いた親を大切にすること。

社会においていわば規範ともいえることだろう。実際にできるかできないかは別だが、多くの人が「こうあるべき」と意識に植えつけられているにちがいない。

意識のみでなく、こみあげてくる自然の感情としても、からだの弱った高齢の人を見れば、いたわり優しくしたいと思う。自分の親であれば一層だろう。

これはきっとすばらしい人間の愛なのだろうが、それがゆえに、自分のできる以上の力を振り絞り、「もっと、ああしたい」「もっと、こうしたい」という気持ちに振り回されてしまうことがある。

若い一〇代二〇代なら無理もきくが、四〇代以降となると、気持ちはあっても、自分のキャパシティー以上のことを行うのは危険だ。六〇代の子世代も珍しくなくなった今では、なおさらである。もちろん、一時的にならら行えるが、継続となると、無理がたたる。自分自身のからだを壊す。

まさに、老親ケア・介護は継続性のあるもの。

期限を区切れないから冷静に考えることが必要だ。

風呂敷を大きく広げてから小さくしていくよりも、小さく広げて、少しずつ大きくしていくほうが、誰にとってもメデタシ、メデタシ……、とまではいかなくても、より賢明な選択ではないだろうか。

テーマ4

人間関係のこと

遠距離介護と親の価値観

自転車通学で結婚が破談⁉

新聞紙上に掲載された「人生相談」を話題にしたテレビ番組を見かけた。

「相談」のひとつ。結婚を控えた若い女性からのものだ。

「間もなく結婚の予定。ところが、学校に通っていた当時に自転車通学をしていたことを婚約者に知られ、破談になりそうだ」という内容。

えっ、自転車通学で破談？

よく聞くと、それは昭和ひと桁時代の新聞だった。破談の理由は、「自転車に乗っていた影響で、子が産めない可能性がある」というもの。相談に対しては、海外では女性もずっと以前より自転車に乗り元気に過ごしていることを例にあげ、「自転車は女性にとっても健康的な乗り物。問題なし」と回答していた。

実際、昭和ひと桁のその時代には「女性が自転車に乗ると、子どもができにくくなる」という噂はまことしやかに語られていたそうだ。理由は、クッション性の悪いサドルに座ることで、振動がからだによくないため。が、実はそれは表向きで本当のところは、「女が自転車に乗るなんてナマイキだ」という男尊女卑の価値観にあったそうである。女は自転車などに乗らず、家で裁縫などをしていればよい、という考え方。

そんな時代が、現代人の多くが生まれ育った「昭和」に存在したことに驚きつつも、どこか納得するのである。二〇代だったころ、五〇ＣＣのバイクで通勤していると、昭和ひと桁生まれの父親がしきりに「子どもができなくなるから、やめろ」と言っていた意味がようやく理解できた。

「親の介護」が身近に迫ってきたとき、あらためて親と向き合うことになる。

そんなとき、往々にして子世代は親のことを「なんて古い考え方をするのだろう」とため息をつきがちである。自転車の例は極端かもしれないが、昭和ひと桁以前に生まれた親たちと子世代では、価値観が大きく異なり戸惑ってしまう。

イエ制度の時代に育った親

あきこさん（四〇代）からおもしろい話を聞いた。彼女は長女だ。上に兄、下に妹がいる。

先日、あきこさんは姉妹で昔話をする機会があった。

末っ子の次女が、「昔から、おかあさんはアニキのことばかり特別扱いしていたよね。末っ子の私の存在なんて、目にはいっていなかった」と、文句を言い出した。

しかし、あきこさんははっきり覚えているという。

小学生だった次女が熱を出したとき、おろおろしながら心配していた両親の顔。

次女が就職するとき、知人に頭をさげまくっていた両親の姿。

「人って、自分のやってもらったことは忘れて、ないがしろにされたように感じた記憶だけが残っていくのかも」とあきこさんは笑う。

ほとんどの人は、親から一番に愛されたいと思いながら育っていくのではないだろうか。「一番」と考えた場合には、ときとしてきょうだいはライバルとなる。競う気持ちがあると、負けた記憶は鮮明に残っていくのでは。


「子どものころから、兄の皿に大きな肉が、私の皿には切れ端がのっていた」と話すのは、自身に二人の孫がいる六〇代のたまこさん。

「肉」の話の延長線上に、「今」が続いているようである。

八七歳の母親の生活をあれこれと気にかけてたまこさんが実家に通っているのに、年に一度しか顔を見せない長男が一本電話をよこしてきただけで、母親は幸せの絶頂に舞い昇るように喜ぶのだそうだ。

そんな親を目の当たりにすると、つい悔しくなる。

昔は「イエ（家）制度」という考え方があり、昭和二二年五月三日の日本国憲法施行日まで法律に定められていた。家を代表する「家長」は強い権限をもち、その地位と財産は原則として長男から長男に相続する。

また、男性は外で働き、女性は家のなかのことをするという考え方も、広い年代に浸透したものであるが、特に親世代にはいまだしっかり根づいているようだ。

「国民生活選好度調査」（二〇〇一年）でも、その傾向は明らかになっている。「長男には、ほかの子どもとは異なる特別な役割がある」という考え方について、一〇代から五〇代までで「そう思わない」人の割合のほうが高く、六〇代でほぼ同じ割合、七〇代になると明らかに「特別な役割がある」と考える人のほうが多くなる。

「家」や「墓」についての価値観も親世代と子世代で大きく異なることのひとつだ。

親が老いてきたとき、子の家に越してくることを提案することがある。いわゆる「呼び寄せ」というかたちである。あるいは、安心して暮らせる高齢者向け施設に入ることを勧めることもあるかもしれない。

そんなとき、親世代から「この家をまもらなければならないから、そういうわけにはいかない」と言われることがある。「家をまもる」といっても子世代からすればそうとう古びた家であったり、まもってくれても、自分たちが戻って暮らすことは決してないといったケースがある。そうなると、「まもって、どうなるの？」と言いたく

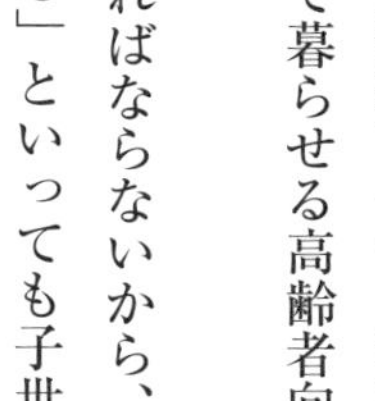

「70代の女性は、
長男を特別視する傾向」

・国民生活選好度調査
(平成13年、内閣府)

長男に特別な役割があるとは思わないという
趣旨の回答をした女性の割合。男性は25%。

なる。

仏壇や墓を大切に思う気持ちも、世代間では大きな差があり、問題になりがちだ。大きくて立派な仏壇を前に、「東京の家には、どこにも置き場所がない」とため息をついている子世代も少なからずいるだろう。

これはテレビ番組での一コマだが、若手のお笑い芸人が「長男は損だ」と言い出した。彼はいったいなにを損だと言うのだろう。

見ていると、「ぼくはあの巨大な仏壇を引き継がなければならないんでしょ」と言った。それまでスタジオでは仏壇の話などいっさい出ていなかったのに。よほど気がかりなのだろう。逆にいえば、長男としての「自覚」なのかもしれない。

確かに、驚くべき大きな仏壇がある家がある。あれを都会のマンションに持ってくることは不可能だろう。しかし、そういう現実が親には見えないようで、継承するものだと信じているケースが往々にしてある。

からだを引きずるようにしながら、墓参りに日参する親の話も聞く。

そんなところからか、最近はからだが不自由で墓参りができない人のための墓参りの代行サービスなるものも登場している。それどころか、インターネットを使っての墓参りサービスも。もしかしたら若い世代が利用するのかもしれないが、ウェブサイトからお線香をあげたり、りんを鳴らしたりできることに驚く(親世代は「罰当たり」と怒るのかもしれないが)。

これは価値観の違いであり、どちらの考え方がまちがっているとか、正しいということではないだろう。違った背景の時代に生きてきたため、考え方が異なるだけだ。それぞれが、自分の価値観を押しつけても平行線である。相手の考え方を認め、少しずつ歩み寄るしかない。

ひとくちに「親」といっても

本書では、主に実親に対してのケアや介護についてのストーリーをつづっているが、それは実親と配偶者の親とでは、「介護」に取り組む気持ちがあまりに違い、同時には語りにくいという実情からである。

「親に会う楽しみ」を聞いたときのアンケート結果がすべてを物語る。配偶者の親に会うとき、「楽しみに思うことはない」という現実のなかでは、できることをできる範囲で淡々と行うしかない。

義理の親と子のあいだには、超えられない考え方のギャップがある場合が少なくない。

もちろん、実親とも考え方の違いでイライラすることもあるが、少なくとも一五年ほどは一緒に暮らした時間があるせいか、価値観の差も「想定の範囲」なのである。「たぶん親はこう言うだろう」と想像がつく（想像がつくことを、そのまま言われる

「帰省の楽しみ明暗」

・パオッコ調査(2001)

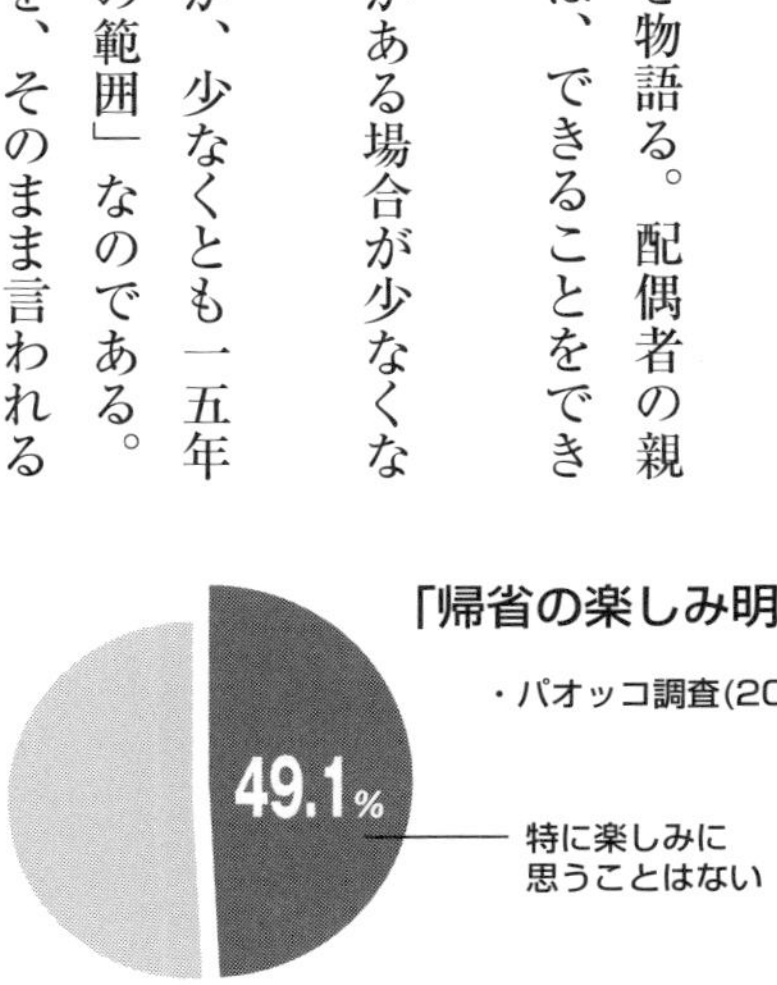

配偶者の親の場合の数値。
自分の親だと約8割が楽しみがあると答えた。

から余計に腹が立つということもあるが……）。お互いさまではあろうが、配偶者の親は想像の域を大きく脱し閉口してしまうこともある。

とうこさん（五〇代）は、夫婦で夫の親もとに車で月に一回ほど通っていく。義父が倒れ、介護が必要となったためだ。義母が疲労して、義母まで倒れられては困る。

ところが、一泊で実家にいるあいだのほとんどの時間、夫は暇そうにしているのだ。とうこさんはコマネズミのように働きつづけているというのに、彼の仕事といえば、義母を助手席に乗せて車で買い物に行くことくらい。

義父はトイレに行くのに介助が必要だ。同性なのだし、それくらいすればいいと思うが、義父がトイレに行きたいというと、なんと夫は義母を呼ぶ。「父さん、トイレらしいよ」と。

これでは、義母の負担軽減になっていないのではないだろうか。しかし、義母はなぜかリズミカルに、「はーい、いま行くよ！」と返事をし、息子に介助の指示をするそぶりはみせない。

とうこさんと義母が、夕食の鍋の用意をしていたときのこと。義母が大根をすっていた。四人分なので、大変だろうととうこさんは夫に声かけをした。「お義母さんの代わりに、大根おろしやってあげてよ」、と。すると、義母は、「いいの、いいの、私がやるから。あなたは晩御飯までゆっくりしていて」と息子に言う。夫は自宅ではいつも大根をすっているというのに、義母の言葉にこれ幸いと居間に座りなおして、またテレビを見ている。

義母は、男の子（五〇歳過ぎだ）には家のことをさせたくないのだろう。価値観の違い。

とうこさんとしては、とてもそんなひとことで済ませてしまう気持ちになれないのだが、義母がよいいなら、自分がとやかく言うことでもないのだろう、と黙る。

一方、男性からこんなことを聞くこともある。あつしさん（四二歳）は贅沢な悩みを口にする。

「妻の実家に行くと、いたれりつくせりでチヤホヤされて、居心地が悪い」、と。なるほど、そういうこともあるかもしれない。親世代は自転車に乗ることさえ、「女のくせに……」と考えた時代背景のなかを生きてきたのだから。

たとえば、入浴の順番も年上の男性からと決まっているのだそうだ。つまり、順番は義父→あつしさん→あつしさんの長男→義母→妻となる。あつしさんが義父と酒を飲みだすと、長くなる。妻は早く寝たいものだから、はやく切り上げて風呂に入れと、ひどく怒っている様子が伝わってくることがあるという。

そんなとき、あいだにはさまれるようでとても困るのだそうだ。

親世代と子世代の価値観の差は現在の高齢者と中年世代だけにあるのではない。五〇～六〇代は、子世代であるとともに、親世代をも体験しはじめている世代である。

たとえば、今の四〇～六〇代は、正月などには、なにか気のすすまないことがあったとしても、配偶者の親の家を訪問することが一般的だ。

ところが、考え方はどんどん変化しているようで、二〇～三〇代となると、配偶者の親の家に顔を出さないケースもあると聞く。

幼い孫は「母親」が連れていることが多い。男の親の場合は、かわいい盛りの「孫」の顔も見られなくなるのでは、と心配したところ、団塊世代の女性がこう言った。

「お互い気を遣うし、嫌々だったらお嫁さんに家に来てもらわなくてもいい。孫の顔を見たいと思えば、誰も家事の心配をしなくていいように一緒に旅行に行こうって誘うわ。私たちがスポンサーにさえなったら、子ども夫婦は孫も連れて出かけてくる。みんな、よく使う方法よ」

「ときどきしか会えなくても、孫の顔を見られただけラッキーだと思う。孫ができない人だらけよ」と言う人もいる。

どちらが多数派か少数派かは判断に迷うところではあるが、正月には離れて暮らす三世代、四世代が仲良く集まる家族も多い。

価値観が多様化する社会のなかで、生き方、家族の向き合い方も大きく変化のときを迎えているようだ。

自分が言うとカドが立つ

離れて暮らす親のケアを行うときに、多くの子が最初につまずくことがある。ホームヘルプサービスなどの、サービス利用に関してである。

もちろんすべての親ではないが、利用を嫌がる親は多い。理由は次のようなものである。

- 他人が家に入ると煩わしい。疲れるだけ。
- 自分でできる。
- 他人の世話にはならない。

子は「介護保険料を支払っているのだし、サービスを利用するのは当然の権利」と考え、よかれと勧めているのに、こう言われると、がっかりする。とうてい「自分ではできない」状況になっているのに、「自分でできる」と言われると腹が立つこともあるだろう。

こういったケースで多くの子世代が試して、サービス導入に成功した方法がある。それは、価値観の違いを逆手にとった方法だ。

親世代は子の言うことには耳を貸さなくても、お世話になっている先生の言葉には耳を貸すことも多いようである。「先生」とつく人には、尊敬の念を抱いている傾向がある（若い世代が「先生」に尊敬の気持ちをもっていないわけではないが、高齢世代のそれとは少し質が違うような気がする）。

そこで、親のかかりつけの医師から利用を勧めてもらう。

てるみさん（五二歳）の母親も、ヘルパー利用は断固として嫌がった。父親が要介護なので、来てもらえばその間だけでも母親が外出できると思っての提案だった。それに、父親の介護をともに担ってくれる人ができれば、母親にとっても心強いにちがいない。

が、そんなてるみさんの気持ちは母親には届かない。

そこで、てるみさんは父親がかかっている整形外科の医師に電話をかけ、親にヘルパーの利用を勧めてほしいと頼んだ。父親はいくつかの病院にかかっているが、両親とも、この医師のことを一番信頼しているようだ。

すると、てるみさんが次に帰省したとき、母親が「やっぱり、うちも介護保険を申請して、ヘルパーに来てもらうほうがいいらしい。そうすることにする」と言った。

てるみさんは、これほどうまくいくとは思っていなかった。あまりに、思惑どおりにことが進み、笑いがこみあげてくるのを抑えるのに苦労したそうだ。

実際、ヘルパーが来るようになると両親とも嫌がるどころか、楽しみにしている。他人が家にやって来ることで、家のなかに風が吹き込まれる。

義理の間柄の場合は、さらに親への進言の仕方にも工夫が必要のようだ。

四〇代のこのみさんはバリバリの大阪弁、自身の意見をはっきり言うタイプだ。

夫の親のからだが弱ってきたので、ヘルパーを導入しようと考えはじめたときのこと。夫がこのみさんに言った。

「君からは、僕の親にヘルパーを使おうって言わないほうがいい。ぼくから言うよ」

このみさんは夫の言葉に首をかしげて理由を聞いた。

「君が言えば、介護をしたくないと聞こえるから」と、夫。

普段の彼女であれば、「なに、言うてんねん！」と夫にかみつくところであるが、冷静だった。義父母とのこれまでのやりとりを思い起こしたのだろう。

いつもいつも、かみあわない。

この件に関しては夫に一理ありと、その言葉に従った。

遠距離介護ときょうだいの存在

ネグレクトという虐待

親の介護が身近な問題となってきたとき、ひとりっ子の人が、「全部、自分でやらなくてはいけない。きょうだいのいる人がうらやましい」とぼやく姿をよく見かける。

けれども、一方で「きょうだいがいなければ、もっと楽に介護できるのに」と嘆く人もいる。

としこさん（五〇代）は、実家で暮らす母親のことが心配でならない。

父親は三年前に病気で亡くなった。

同時に、としこさんの一歳上の兄が実家に戻った。兄は結婚しておらず、若いときから職を転々としてきた。

兄は実家に入った当初、仕事をしていたようだが、半年もたたないうちに辞めてしまった。母親は身の回りのことはできるというのに、兄は「母親の介護のため」だと言う。以来、兄の生活費は母親に入る年金と父親が残した預貯金でまかなわれている。

としこさんは兄に文句を言ったことがある。

「少しは仕事をすれば!?」、と。

兄は烈火のごとく怒り、「帰れ！」と怒鳴りつけてきた。母親もとしこさんに兄の言葉に従うように促す。

三か月前に久しぶりに実家を訪れると、母親は床に伏せ、やせたようにもみえる。家の中は散らかり、入浴していないのか手足が汚れている。這ってトイレに行っているようだ。

としこさんは兄に介護サービスの利用を勧めた。が、またまた兄は怒りだし、追い帰されてしまった。

としこさんはなんとか兄を説得したいと考えている。

「介護サービスを使うと、お金がかかるのが嫌なんでしょう。兄は母の財産を狙っている」

必要な介護がなされないどころか、やせてきているとすれば、これはネグレクトだ。虐待である。

しかし、いくらひどい仕打ちをされても、母親にとっては愛すべき息子なのだろう。自分が産んだ子だと、あきらめがあるのかもしれない。母親からとしこさんに助けを求めてくることはない。

としこさんは兄に介護するつもりがないなら、母親を施設に入居させたいとも考える。しかし、兄はもちろんのこと、母親もとしこさんの手出しを望んでいない以上、為すすべがない。踏み込んだことをすれば、兄が母親にいっそうつらく当たることも考えられる。

としこさんは、先日、友人に教えられ、地域包括支援センターに相談に出かけた。介護保険のことや、虐待のことなど、在宅介護にかかわること全般について相談にのってくれる機関だ。センターと連携し、なんとか母親を救いたいと考えている。

きょうだいとうまくいっている人やひとりっ子の人の目には、としこさんの母親のケースはドラマの一コマのように映るかもしれないが、稀少ということでもない。程度の差はあるだろうが、似たような話はある。特に財産がからむケースでは、介護の仕方で争いや意見の違いが出やすくなるようだ。

ぽっと出症候群

きょうだい間のトラブルの根源は同居の子にのみあるわけではない。

別居の子が介護をしなければならない段となっているのに、見て見ぬふりをすることで介護にひずみを生むことがある。

なかには、四八ページのことのさんのように一番遠くに暮らす子が、もっとも頻繁に通うこととなることもあるが、親と同居、もしくは近居のきょうだいをあてにする傾向が強い。

親の身近にいる子から、「どうして、私だけが介護をしなきゃいけないの。忙しい、忙しいって、他のきょうだいはまったく手を貸そうとしない」という嘆きをしばしば聞く。

これでは同居や近居の者はたまったものではない。確かに、物理的な距離によって「できないこと」も多いけれど、「できること」もある。親のケアは、きょうだいで協力しあうことが必要なのではないだろうか。

逆のケースもある。

離れて暮らす子が、手を、いや口を出しすぎるケースだ。

しょうこさん（五〇代）は、夫の母親と同居している。フリーランスで仕事をしており、自宅を拠点にしているとはいえ、時間的には不規則で夜に出かけることもある。義姉が月に一回、母親の様子を見に来る。

このところ、義姉はしょうこさんが出かけているときに来ることが続いた。三回、そういうことが続いたが、四回目に来たときに義姉は、しょうこさんとその夫（実弟）を前に、「もうちょっと、母のことをしっかりみてあげて。外出ばかりじゃ、おかあさんがかわいそう」と叱りつけた。

しょうこさんはその場では言い返さなかったが、やるせない思いと、腹立ちに、からだが震えたという。二四時間同居しているのは、しょうこさん夫婦だ。確かに外出は多いが、常に義母のことを気にかけている。一か月に一回だけやって来る義姉にはわからない苦労も多い。

しょうこさんのような訴えをする同居の子は少なくない。

「親は医者に止められているのに、半年に一回やって来る義妹が甘いお菓子を与える」とか、「食後でたまたま母の手が汚れているところに兄夫婦がやって来た。『手が汚れている』と、まるで鬼の首をとったように騒いでいた」など。

こういう問題は子世代間だけではなく、離れて暮らす子と専門職のあいだでも起きることがある。

医療の世界では「ぽっと出症候群」という言葉もあるそうだ。

遠くで暮らす子がたまに親もとにやって来て、医師のやり方にあれこれケチをつける。親本人や同居の子はさまざまなことを総合的に考え、了承しているにもかかわらず……、だ。

うまくいく・いかないの差

きょうだい間のコミュニケーションがスムーズではない事例ばかりをあげたが、もちろんうまくやっているきょうだいもたくさんいる。

七八ページで紹介したなおさんは姉妹で通い、スクラムを組んで両親を支えた。あまり通うことのできないきょうだいが、介護にかかる費用を負担して乗り切っているところもある。

親と同居しているきょうだいがいる場合、同居の子が旅行に出かけるときに、留守番がてら通って行くという人もいる。在宅中だと、互いに気を遣ってしまう。食事や布団の心配をさせてしまうので、行きづらい、という声を聞くこともある。

うまくいっている人とうまくいっていない人の差はなんだろう。

おそらく、前者は自分にできることをするが、きょうだいに対して、「これをやって」と強いることはない。

逆に後者は、「もっとこのようにやって」ときょうだいに対して望みが多く、押しつけようとする。相手が思うように動かないと怒りや悪口として爆発させる。

これでは、うまくいかないのも当然だろう。

相手の立場を思いやり、感情的にはならない。できるだけ冷静に話しあう。きょうだいとはいえ、別に暮らしてきた時間が長い。親と重ねてきた歴史もそれぞれだ。経済状況も、家族構成もまるで違う。考え方やできることが違うのは当たり前のことだ。

親の介護を前になんらかの溝があるのは仕方がないことであり、それを埋めるにはしっかり話しあい、互いを尊重しあうことしかない。そして、主となって介護を行う司令塔を決めるとともに、協力体制を築く。

介護は何年続くかわからない。

無理強いされてやっても、継続は困難だ。

親にとっても、自分自身のことで子が仲たがいしているのは、なんともつらいことだろう。

話しあいを重ねても、折りあわない場合はあきらめるのが得策かもしれない。親族間でのごたごたは誰にとっても大きなストレスとなるからだ。

以前、きょうだい間のことで取材した女性の言葉を思い出す。彼女には二人の兄がいた。兄たちは先妻の子であり、異母きょうだい。とはいっても、兄たちが幼いころから母親は家に入り、「育ての母」であった。しかし、兄たちは感情的なもつれがあるのだろうか。世話になったはずの独居の母親の介護をすることを拒否した。

「『どうしてよ』って心の中では葛藤があったけれど、最終的には兄たちは最初からいないものと考えて、母の面倒をみていこうと考えるようになりました。そう考えないと、つい責めたり、期待してしまいますもの。期待して裏切られると大きなストレスになるんですよね」

兄たちと母親のあいだには、彼女が幼くて知りえなかった関係や歴史があるのかもしれない。

遠距離介護と夫婦の感情

夫への恩返し

ひろみさん（四〇代）は、都内で夫と高校生の長男、中学生の長女との四人で暮らす。夫の両親は四国の実家で夫婦二人暮らし。義母が病を患い、義父が世話をしている。半年ほど前に、実家の近所で暮らす義姉から、きっぱり言われた。

「親をみるのは長男夫婦の役目。ひろみさん、わかっているわよね」、と。

ひろみさんはむっとしたが、こらえて愛想笑いを返したという。

義姉の嫁ぎ先の両親は早くに亡くなっており、義姉は介護の経験はない。実親のことは大切に思っているようで、頻繁に実家に顔出ししている。専業主婦で時間的なゆとりもあるようだが、「介護」は長男夫婦がしっかりするべきだという考え方をもっている。

ひろみさんはフルタイムで仕事をしているが、「実際、義父の手におえなくなったら、私が中心になって義母の介護をするつもりです」と話す。そのときは、パートの仕事に変わろうとも考えている。

ひろみさんがフルタイムの仕事を辞めてまで、義母の介護をしようと決意しているのには、理由がある。

七年ほど前、ひろみさんの両親は相次いで倒れた。両親は車で一時間ほどのところに住んでいたが、ひろみさん夫婦の子はまだ小学生だったので介護と育児、仕事の両立は大変だった。

そのとき、ひろみさんにとって大きな支えとなったのが夫の存在である。

夫はフリーランスのカメラマン。両親を看取るまでの二年ほどの間、極力仕事を減らし、家事と育児を担ってくれた。参観日も出かけ、遠足の弁当も作ってくれた。

ひろみさんは、自宅のことを安心して夫に託し、実家に泊り込むこともできた。実家から職場に出勤。そんなこんなで、なんとか仕事を辞めず、両親の介護をすることができたのだ。

「夫にはほんとに感謝しています。義姉に対しては、腹が立つこともあるけれど、義父母をみるのは夫への恩返しかな。私が介護をするつもり。それに、両親のことを看取って思うのです。最期は精いっぱいのことをしてあげたい。本当の最期だから……。ただ、来年は長女の高校受験なので、それが終わるまで、もうちょっと今の状態が続いてほしいのですが」

言葉が刃のように突き刺さる

遠距離・近距離・同居に限らず、介護は大変か楽しいかといえば、大変なことであろう。

よく言われることだが、育児のように明るい将来予測が立ちにくく、いつかは必ず、終わりを迎えてしまう。

精神的にも、肉体的にも金銭的にも負担であることはまちがいないだろう。そんな時間をたどるなかで、よき理解者がそばにいるのといないのでは大きな違いがある。ひろみさんの場合、自身の親を介護したときに夫は第一の理解者であり、味方だった。配偶者が味方であれば、どれほど心強いことか。

介護という行為をするとき、親族や近所の人から心ない言葉を投げかけられることもある。そんな言葉は刃のように心に突き刺さり、疲れを助長させるが、「わかってくれる人」が一人いるだけで、なんとかやりすごすことができる。

かずこさん（五〇代）夫婦は静岡県で暮らす。かずこさんの親は関西地方で夫婦二人暮らし。

夫の両親は九州地方で暮らしている。夫の実家では正月に大勢の親族が集まる習慣がある。夫は長男であり、大晦日から一月三日までは夫の実家で過ごすことが結婚当初からの常だった。

かずこさんの実家には、かずこさんの兄家族が元旦に行き、かずこさんは九州からの帰りの一月四日に帰省するようにしていた。ところが、昨年春から、かずこさんの兄夫婦は、転勤で海外へ。正月も帰ってこられない。八〇代になった父親は体調を崩すことも増えてきており、今度の正月、かずこさんは自分の実家に行きたいと考えた。両親二人だけで正月を迎えるのは、さみし過ぎる。

かずこさんは夫に言った。「元旦は、私は私の実家に行きたい」、と。

だが、夫は首を縦に振らなかった。

「親戚が来る。長男の嫁である君が正月に行かないわけにはいかない。悪いけれど、君の実家はいつもどおり、四日に行ってくれ」

かずこさんは結婚二〇年以上になるが、以前から正月三が日に自分の実家に帰省できないことを不満に思っていた。夫の両親も自分の両親も同じ年代である。その年代は、正月への思い入れは深い。それなのに、なぜ夫の実家ばかり優先しなければならないのだろう。

はじめて「正月は自分の実家に行きたい」と言ったのに、耳を貸そうともしない夫に対し、かずこさんは涙がこぼれた。

夫への腹立ち。

夫に自分の思いを理解させることができない自身のふがいなさ。

「自分の親のための帰省を配偶者はどう思うか」

・パオッコ調査(2001)

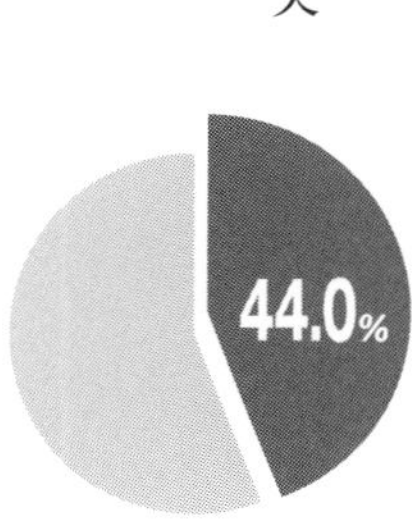

なんらかの不満の気配を感じる人、約4割。

夫婦二人だけで正月を迎える両親への申し訳ない思い。父親はだいじょうぶだろうか。最期の正月になってしまわないだろうか。

さまざまな思いが交錯する。

たかが正月、されど正月。

いっそ、夫と別れて実家に戻り、実親のもとで暮らそうかと思うこともあるという。

肝心なときは実子の出番

夫婦が信頼しあって、協力体制を築く。頭ではわかっても、難しいことも多い。親をケアしたり介護したりするときには、一歩踏み込んだ親子の会話が必要となるからだろうか。

一一七ページで紹介したこのみさん夫婦は、夫の親に対して、「ホームヘルプサービスを入れよう」と妻は言わないほうがいいと判断した。

これはこの夫婦に限ったことではないだろう。

ホームヘルパーを利用することに関して、「嫁が介護を嫌がっている」と思うかどうかは人によるだろうが、デリケートな話題であることはまちがいない。

サービスの導入とか、高齢者仕様の安心グッズの導入を勧めることは、裏返せば親に対して「心身の機能が低下していますよ」と進言することとなる。この進言は、一歩まちがえれば「余計なお世話」になりかねない。ずっと別居してきた場合、義理の関係ではそれほど気心の知れた間柄でない場合もあるだろう。

たとえば、「足がよろけるようなら、杖を買っては？」と、子が親に提案するとしよう。「なんて失礼な」ともとれるし、「なんてやさしい子」ともとれる。

また、土地によっては、親戚や近所の人が長男の妻に対して、「○○家の嫁としてしっかりやりなさい」とうるさく言うこともある。「○○家のムコとして」と言う場合もあるかもしれない。

親戚や近所といっても、ずっと別居してきている場合、実子でなければその人間関係を理解することは難しい。

ゆきさん（四〇代）は、義父の葬式での出来事が忘れられないという。

はじめて出会う親戚がこんなにいたとは……。もしかすると結婚式に来てくれた人がいるのかもしれないが、ほぼ初対面。けれども、むこうからすればゆきさんは亡くなった義父の「長男の嫁」である。親しげに話しかけてくる。ゆきさんは、ずっとぎこちない顔で、挨拶をし続けたそうだ。

葬式の後には宴会が待っていた。

ゆきさんはお酌をすることなどは不得手なのだそうだ。けれども、座っていられる空気ではなく、仕方なくお酌にまわった。ひとり残った義母がこれからも世話になるだろうし、つれない態度をとるわけにはいかない。

しかし、酌をしている相手がいったい何者であるのかわからず、交わす言葉にもつまる。

「せめて夫が近くに来て、誰なのか教えてくれれば助かったのですが……」

夫が忙しくしているのはわかったが、ひどく孤独な思いでいっぱいになった一日だったという。

「僕の親の悪口を言うな」

実親と配偶者の親では、抱く気持ちが違うといえるだろう。そのことが夫婦間の協力を難しくする面もあるのかもしれない。

たかしさん（四〇代）夫婦の話は興味深い。

たかしさんは、このところ二か月に一回程度帰省している。間もなく八〇歳になる両親は二人で暮らしているのだが、二人とも体調が優れない。寝込むほどではないが、体力が弱ってきているようだ。

父親は体調が悪いだけでなく、「口」も悪い。

たかしさんが実家に帰って、玄関を入ると、まず父親はこう言う。

「なんだ、また来たのか」

横で母親がうれしそうな目でたかしさんの顔を見るから、たかしさんはなにも言わないが、「どうして、あんな言い方しかできないのか……」と、毎回思う。

そして、居間で話し出すと、父親は近所、親戚の悪口を並べ立てるように話す。おまけに、テレビで見る政治家や芸能人のことまで、ボロカスにけなす。

多少の悪口ならいいのだが、毎回毎回、クドクドと人の悪口を聞かされるとへきえきする。疲れ果てる。

横浜の自宅に戻ると、反動なのか、たかしさんは妻に父親の悪口を並べたてる。

先日も、自宅に戻って、妻に父親のことをブックサ言い放った。すると、妻が調子を合わせるように話し出した。

「そうよね。お義父さんって、どうしてああなのかしら。結婚したてのときも〜〜、〜〜」

妻の口が止まらなくなった。

誕生日に贈ったプレゼントにケチをつけられた話や、正月に作ったお重の味つけに文句を言われたこと。子どもの誕生日に「おめでとう」のひとこともなかったことなどを、延々と話し始めた。

最初はたかしさんも、「そんなこともあったっけ」と耳を傾けていたが、だんだん、「そこまで言うか、いいかげんにしろよ」と、妻の口を手でおおいたくなる衝動にかられてきたというのだ。

「僕の勝手だということはわかっていますけど、僕が僕の親のことをいろいろ言っても、妻には言ってほしくないというのが本音なんですね」

親への思いというのは複雑だということだろう。

コラム

想像力のトレーニング

興味深いジョークを見つけた。

ある豪華客船が航海の最中に沈みだした。船長は乗客たちに速やかに海へ飛び込むよう指示した。
船長は、それぞれの外国人乗客になんと言ったのだろう。
アメリカ人「飛び込めば、あなたは英雄」
イギリス人「飛び込めば、あなたは紳士」
ドイツ人「飛び込むのが、この船の規則」
イタリア人「飛び込むと、女にもてるぞ」
フランス人「飛び込まないでくれ！」
そして、日本人には……。
「みんな飛び込んでますよ」

（『世界の日本人ジョーク集』〈早坂隆著、中公新書ラクレ〉より）

目の前にいる相手は、いったい何と声をかければ、自分の指示に従ってくれるか、船長はとっさに頭を働かせたのだろう。

アメリカ人、イギリス人、ドイツ人、イタリア人、フランス人、そして日本人によって、「価値観」は異なるから、同じ言葉かけでは無理だと判断したにちがいない。

「家族」にあてはめても、同じではないだろうか。

生きてきた年月、場所、周囲の状況などにより、親・きょうだい・配偶者とも「価値観」は違って当たり前だ。

あなたが介護のことで親やきょうだいなどと話すとき、うまく話がかみあわないこともあるかもしれない。

なんで、わかってくれないいんだろう、とイライラする。

そんなときは、「どうせ言っても無理」とあきらめてしまわず、今一度、相手の立場になってみる。

相手の気持ちを理解できれば、話がかみあわない理由が見えてくるかもしれない。

想像力を働かせる。

きっと、コミュニケーションのとり方がみえてくるにちがいない。

テーマ5

介護のこと

遠距離介護と親の日常

くたびれた案内チラシ

ちよさん（七八歳）は、子と離れて夫婦二人で暮らしている。

最近、肩から腕にかけて痛むようになり、困っている家事があるという。それは洗濯だ。腕を肩より上に上げづらく、シーツを干すという動作がうまくできない。布団カバーを交換するのもひと苦労だ。

「娘が近所に住んでいれば、助けてもらえるのに……」と思うこともあるそうだ。友人の前で、口をすべらせたところ、「近所にいたって、忙しい、忙しいって言って役に立たないわよ」と言われた。

そんなものかもしれないとも思う。それに、考えたところで、娘は五時間もかかる遠方に暮らしているのだから、どうにもならない。

ちよさんは、近所の人と共同購入で利用している生活協同組合に、「たすけあいの会」があることが気になっている。家事援助などをしてくれる会のようだ。週に一回くらい来て、大きなものの洗濯をしてくれれば……。

衣替えのときに、押入れの上から衣装ケースを取り出すのも苦労する。

繕い物をしようとするとき、針に糸を通すことができず困ってしまうこともある。

お盆に帰ってきた娘が「困っていることない？」と聞いてくれたが、「心配するようなことはなにもない。なんでもできるから」と強がってしまった。

もうちょっとがんばって、それでも困るようになったら、「たすけあいの会」に電話をしてみようと、案内チラシを大事に引き出しにしまっている。


ちよさんが大事にしまっている「たすけあいの会」の案内チラシは、何度も出しては眺めているのだろう、少々古びていた。

ひとりで暮らすということは、日常生活のあれこれをすべて自身で担うということだ。

肩が痛くても、布団干しは自分で行う。

衣替えも自分でするしかない。

自立して生活を送れていれば介護に関するサービスを利用しないから、なおさらだといえるだろう。

他人はなにも手伝ってはくれない。

実家でひとり暮らしするきよこさん（三九歳）の父親（六八歳）も、そんなひとりだ。

先日、きよこさんは高校時代のクラス会があるというので出席するために、実家に帰った。母親は、三年前、病気で亡くなった。

幸い、父親は健康。陽気な性格で友だちも多い。家事も覚え、すっかりひとり暮らしが板についている。

きよこさんは父親がひとり暮らしとなった当初は心配もしたが、今ではそれほど気にはなっていない。自分自身、勤めがあり、子どもも中学生なので、かまっている暇がないというのが本音だ。

「お父さん、倒れないでよ。わたしは介護どころじゃないからね」と、父親に対して、いつも言っている。

この日、きよこさんはクラス会から夜一一時ごろ実家に戻ってきた。父親の寝室から灯りがもれている。まだ起きているようだ。

のぞいてみて、一瞬、父親がなにをしようとしているのかわからなかった。

あっ……、

次の瞬間、ベッドに一五センチ四方の湿布《しっぷ》薬が二枚並べられていることに気づいた。

父親は、上半身裸で、まさにその上に背中からおおいかぶさるように仰向けになろうとしているところだったのだ。

きよこさんは見てはいけないものを見た気持ちになり、声をかけずその場を離れた。

そういえば、日中、父親は湿布薬のにおいをさせていた。きよこさんは「湿布臭いな」と思った記憶がある。

「臭い」と思ったことがうしろめたい……。

ひとりだと、あんなふうにして湿布薬を貼るんだ。確かに大柄な父親は、普通に貼ろうとすれば、粘着面のせいでクチャクチャになってしまうだろう。

母親がいれば、貼ってあげるのだろうが。

きよこさんに尋ねた。

翌朝、湿布薬を代えてあげた？

「いいえ、そのことには触れないまま帰ってきてしまった」

なぜ？

「あの夜眠れなくて……。あんなふうにして湿布を貼る父のことがかわいそうに思えて。それに、『いつか、ひとり暮らしは無理になるのかな』とか考えてしまった」

いつか同居する？

深呼吸するように答える。

「したい気持ちはなくもない」

一瞬間をおき、続ける。

「でも、それは非現実的。父が母との思い出のある実家を離れるとも思えない」

じゃあUターンは?

「それもありえない。クラス会で帰るのは楽しみだけど、私の暮らしはもうあの家、あの土地にはないから。それに、あの家は、私にとっては懐かしい場だけれど、夫にとっては、故郷でも、実家でもない」

じゃあ、夫がもしOKしたら?

「やっぱり無理……。私だって、それなりに努力して、今の仕事に就いている。子どもも大きくなってきたし、もうちょっとがんばりたいって気持ちがある。転職っていっても実家のあたりには職がない。私も父も、それぞれ今暮らしている場でがんばっていくしかないんじゃないかな……」

「気にかけてよ」「気にかけてるよ」のサイン

離れて暮らしていると、なかなか親の生活が見えてはこない。親がどのようにして湿布を貼っているかなど、想像できるわけもない。

縫い物をするときに、針に糸を通せているかどうかなども、想像だにしない。知ったところで、どうすることもできないともいえる。

ひさしさんは離れて暮らす母親のことで、苦い経験がある。

「最近の親世代は子に気を遣って、『帰ってこい』と言わないタイプが多いっていうけれど、うちの場合は当てはまりませんでした」

ひさしさんは遠距離介護のセミナーに参加し、終わりがけに手をあげてこう言った。

昔から母親は依存するタイプだったそうだ。すぐ近所に長女（ひさしさんの姉）が暮らしているのだが、なにかとひさしさんに電話をかけてくる。

「次は、いつ帰ってくる？」とか、「風邪をひいていないか」だとか、用事もなしに電話をしてくる。

時間のあるときは相手をするが、そうでないときは「今、忙しいから」と切ってしまうこともあったという。

一年ほど前だろうか。電話の頻度が増した。自宅の留守番電話にも日に数回、ひさしさんの携帯電話にも何回もということが続いた。

「新しいプロジェクトが動きはじめたばかりだったこともあり、いいかげん、困り果ててました。妻もあきれているし、日中は留守番電話に切り替えないことにして、携帯電話も替えてしまいました。まあ、むこうには姉が暮らしているし、なんとかやってくれるだろうと思ったのです。姉には新しい携帯の番号を知らせておきました」

以降、母親が電話がかからないことに対し、どのような思いをしたのか、ひさしさんにはわからない。が、電話が鳴らなくなって、ひさしさんには平穏な毎日が戻ってきた。最初は、「悪いことをしたかな」とも思ったそうだが、生活に追われるなか、しだいに思い出すこともなくなった。

ひさしさんが電話をシャットアウトしてから三か月め、正月に帰省した。

見た目は同じなのだが、母親の様子はあきらかに尋常ではない。

お重のおせち料理をつついては、皿に並べ、またお重に戻すという意味不明なことを繰り返している。ひさしさんが呆然と母親をみつめていると、姉に袖口をひっぱられ隣の部屋に連れていかれた。

「おかあさん、認知症だって。年末に、病院に連れていったのよ。あなたにひっきりなしに電話をかけていたのも、それだったみたいね」

ひさしさんは、ハンマーで頭を殴られたような衝撃を覚えた。

母親の「性格」がさせていることだと思ったのに、あれは、病気のサインだったのか。

親子のあいだでは、いつかは、その現実と正面から向きあわざるをえない。

「病気だよ、気にかけてよ」という親からのサイン。

電話を通じないようにしたひさしさんの行動はまちがっていたのだろうか。

何回も何回も電話がかかってくるのは、想像以上に煩わしいことだろう。もともと、依存してくることの多かった親であれば、「性格」だと思い込む気持ちもわかる。

一方で、「気にかけてるよ」という子からのサインを、満面の笑みで受け取っている親世代に出会ったことがある。

五年ほど前のことだが、ひとり暮らしのとよのさん（七〇代）の家を訪ねた。

「まあ、見てください」と言うと、とよのさんは居間に置かれた緊急通報ボタンを見せてくれた。

「これね、別居の息子が持っていろって」

それは「緊急通報システム」といって、なにかのときに押せば、役所の機関に通報できるという仕組みになっている。地元の自治体が無料でひとり暮らしの高齢者宅に設置しているサービスだった。

とよのさんは言う。

「これは便利ですよ。ほんとに。こんないいものがあるなんて知らなかったから、長いこと損しちゃったわ。息子のおかげ」

にっこり笑う。

また、「息子」と言った。よほど頼りにしているのだろう。

「緊急時駆けつけてくれるサービスを求める声が大きい」

・パオッコ調査(2005)

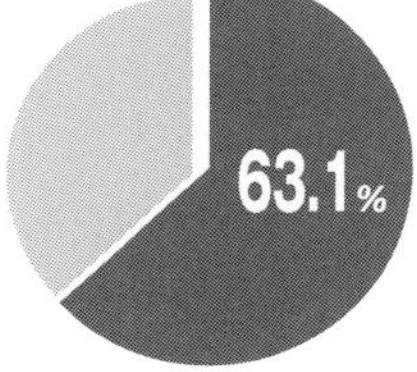

交通費の割引を求める声もほぼ同率1位。

以前は、カラスの行水のように入浴は短時間で済ませていた。

「だって、裸で倒れたら、他人に裸のまま救急車に乗せられるわけでしょ。それは耐えられないわ。だから、倒れるまでにと、ちゃちゃっとお風呂を済ませるようにしていたのよ」

持ち運びのできるボタンも備わっているから、入浴中は洗面室に置いておくのだそうだ。

よかったですね、いい息子さんなんですね。

その言葉を待っていたかのように、とよのさんの口は、さらに滑らかになる。

「それほどでもないいんだけど、まあ優しい子でね。いまね、◯◯って会社知ってるでしょ。あそこの部長なのよ。大きな立派なビルなんだって」

聞きもしないのに、息子の勤務する会社名と役職まで教えてくれる。誰もが知っている大手企業だ。

立派な息子さんなんですね、とあいづちを打つと、いっそう嬉しそうな顔をして、

「よくできた息子なの。△△大学卒業なのよ」

またもや、聞いていないのに息子の出身大学まで教えてくれる。都内の難関大学といわれる有名どころだ。東京で働く息子が誇りなのだろう。

「息子はね、めったに帰ってこられないけれど、いろいろ送ってきてくれるのよ、これもね……」

押入れを開け、電気毛布を指差す。

「寒いだろうからって。いいところあるわよね」

緊急通報システムも、電気毛布も、とよのさんにとって「自慢の息子」からの、「気にかけているよ」のメッセージとなっている。

親が引きこもりがち

ちよさんにしろ、とよのさんにしろ、生活協同組合で共同購入したり、おしゃべりをする友人もいるようだ。サービスを利用することも否定的ではないので、子からみれば比較的安心な親だといえるだろう。

子からみて心配なのは、家に閉じこもって、地域の人ともかかわりをもとうとしないタイプの親だ。

同時に地域の人からみても心配な存在だといえるだろう。

子が身近にいれば様子を察知することができる。話し相手になることもできるのだが、そばにいないと家に閉じこもってポツンと孤立してしまう。

ちづこさん（四〇代）の父親もそうであった。

実家でひとり暮らしをしていたが、完全に閉じこもり。ヘルパーを寄せつけず、民生委員の来訪にも、無視をする。玄関を開けようとさえしない。認知症もあるのかもしれない。

家はゴミ屋敷と化していた。父親はずっと入浴をしていないらしく、本人からも家からも悪臭がするほどだった。

地域の人たちから、「なんとかしてください」とたびたび電話がきて、ちづこさんは実家に帰るが、父親がちづこさんの説得にも応じる気配はない。ちづこさんが、部屋を片づけようとしても怒り出す。手がつけられない。

パオッコの集まりで、ちづこさんに出会ったとき、彼女はひどい精神状態であった。解決策が見つからず、地域の人たちにも申し訳なく、八方ふさがり。自分の言うことにも耳を貸さない父親にも怒りを抑えられない。地域からは、あまりのゴミの多さに、火災を心配する声もあがっていた。

そんなちづこさんを救ったのは、たまたま居あわせたある宅老所の女性オーナーだった。宅老所とは、民家を改造して、そこで日中、デイサービスというかたちでお年寄りを預かる。必要に応じて、宿泊することもできるというものだ。

オーナーは、日々、さまざまなタイプの高齢者と向きあっているから、ちづこさんの父親のことも引きこもりから抜け出させる自信があったようだ。

涙を流しながら、父親のことを語るちづこさんに、オーナーは言った。

「一度、おとうさんのことを捨てなさい」

意味がわからず、戸惑いの表情を傾けるちづこさんの顔を、オーナーはしっかり見据えた。

力強い言葉だった。

「だいじょうぶ。そういったお年寄りには、向きあい方があるんです。私が行きましょうか」

ちづこさんにとって、天の救いだったにちがいない。

ちづこさんは、いくつもの介護に関する相談窓口や、友人に、父親のことを相談してきた。けれども、みんな言うことは同じ。

「大変ね……」

同情はしてくれるが、誰も助けてはくれない。

「捨てろ」という重い言葉の裏には、一度父親のことをゆだねて楽になりなさいという思いやりがあったのだと思う。

ちづこさんは一時的にその宅老所で父親を預かってもらい、その間に実家を掃除することを決断した。その後のことは考えられないが、とにかく一度この状況から抜け出したい。抜け出さないと、なにもはじまらない。

とはいえ、本当にあの父親を家から出すことができるのかと、半信半疑だった。

数日後、宅老所のオーナーと職員が、ちづこさんの実家に向かった。やはりプロだ。わずかの時間で車に乗せて、父親を宅老所まで連れていった。残念ながら、どういうやりとりがあったのか見ることができなかったのだが、言うまでもなく、父親を車に乗せるために、「力」や「薬剤」が使われたわけではない。父親の気持ちを動かしたのは「対話」だった。

宅老所に到着すると、父親はその日のうちに入浴したという。数日、滞在するうちに、父親は自ら「今日は、お風呂は何時から」と、心待ちにするようになったという。

サービスとは、物理的なものと考えがちであるが、どんな人が、どのように提供するかということが大きなポイントなのだといえよう。

「誰に出会うか」によっても、遠距離介護は大きく違ったものとなっていくのかもしれない。

遠距離介護といわゆる「介護」

親からパニックの電話がかかる

みなみさん（四二歳）は、短大に入学するときに静岡から東京に出てきた。そのまま東京で就職、結婚。夫は転勤のある会社員のため、三～四年おきに転居を続けている。弟がいるが、彼も東京の大学を卒業後、金融機関に勤めた。海外も含めての転勤があり、引っ越しを繰り返している。

七〇代の後半となる両親は実家で二人暮らし。一年半ほど前から、父親に物忘れの症状があらわれた。

ことの発端は、母親からの電話だった。一年ほど前だろうか。

「おとうさん、病気かもしれない。どうしよう……」と切羽詰った声。

どうしよう、と言われても、みなみさんにもよくわからない。

父親は食事を終えたところだというのに、「今日の夕食はなんだ」と聞くようなことが続いたらしい。母親が「今、食べ終わったところでしょ」と言っても納得しているのか、していないのか、すぐにまた、「今日のご飯は?」と聞いてくる。

母親が電話をかけてきた日、父親は古びた背広を着たかと思うと、「会社に行ってくる」と言って外に出て行ってしまったそうだ。

みなみさんは母親からの電話を受けた翌日、急ぎ帰省した。母親と一緒に父親を病院に連れていった。想像したとおり、「認知症」と診断された。

その後、父親は大きな病院で検査を受け、薬を飲んでいる。病院から介護保険の申請を勧められた。

「介護」という言葉は、日常的に使っているが、実際に自分に降りかからないと実感がない。

だからだろうか。

みなみさんは、「介護保険」という文字は、新聞などでもたびたび見ていたが、いざ、使おうと思っても、どうすればいいのかわからなかったという。

役所に行って、教えてもらい、申請する。書類を書きながらも、今後のことで不安がふくれあがってくる。見えない将来は恐ろしい。

「夜も眠れませんでした。あのしっかりした父親がボケるなんて、思ってもみませんでしたから」と、みなみさん。

父親に対しても、どのように接したらいいのかわからない。ときどき変になるが、

「普通」の時間もある。しかも、関節の病気を患っており、ふらふら外に出かければ危険がある。

父親と母親を二人だけにしておいてもいいものなのだろうか。

みなみさんの長女は中学生。長男は小学生だ。長女は、たび重なる転校の影響か、学校になじめず、不登校気味である。

はっきり言って、今、親の介護どころではない。

とはいえ、混乱している母親のことを放っておくこともできない。

同居するしかないのか。

しかし、同居といっても、自宅は七〇平方メートルの3ＬＤＫ。両親の部屋を確保するゆとりはない。今の状況で両親が家に来れば、子どもたちも困惑するにちがいない。

実家を売って、自分の家の近くにマンションを買って、そこに両親を住まわすことを考える。新聞のチラシで中古マンションの価格をチェックしはじめた。しかし、自分たちはまた転勤があるかもしれない。

みなみさんは、出口のない迷路に迷いこんだような気持ちだった。

ケアマネジャーとの出会い

みなみさんの父親は「要介護一」と認定された。

介護保険の認定が下りると、ケアマネジャーがサービスを組み立ててくれるのだが、ケアマネジャー探しで、またつまずく。役所が紹介してくれるのだとばかり思っていたが、役所からはケアマネジャーのいる事業所の一覧表を渡されたのみだった。

仕方なく、みなみさんは一覧表を見ながら、実家と住所が近い三つの事業所に電話をかけてみた。最初に電話をした二軒は、こちらの住所などを聞き、とにかく一度行くからと言われた。

三軒目に電話したところは、応対がちょっと違った。

気づけば、みなみさんは、涙ぐみながら、自分が東京に住んでいて、父親が認知症と診断されたこと、東京に連れてくるべきかと悩んでいることを、電話で話していた。

三軒目に電話をした事業所のケアマネジャーが、みなみさんにとって、大きな心の支えとなっていく。

東京に連れていかなければいけないかと悩むみなみさんに、ケアマネジャーは、「今の状態なら、このままここでだいじょうぶ。一緒に支えていきましょう」と、心強い言葉をかけてくれた。今、環境が変わると、認知症が悪化する可能性もあるという。

帰省がままならないみなみさんは、ケアマネジャー宛てに、ときどきファクスを送信する。「両親に変わりはないでしょうか」と。当初は、デイサービスを週に一回だけ使っていたが、母親が疲れている様子を電話で感じたので、半年ほど前、「デイサービスをもう一日、増やすことはできませんか」とファックスした。サービスは週に二回に増やされた。

ケアマネジャーからもファックスが戻ってくることは、みなみさんにとって本当に心強い。

もぐらたたき

みなみさんの父親が介護保険のサービスを使いはじめて、もうすぐ一年になる。

このところ父親の症状は落ち着いているという。

病院から処方された薬が効いているのだろう。「認知症」と診断されて母親にも覚悟ができたのか、父親の病気を受け入れ、以前のようにパニック状態でみなみさんに電話をかけてくることも少ない。

みなみさんは、月に一回、週末を利用して実家に帰る。

当分は、今の状態で介護を続けていくつもりだ。病状が悪化したら、そのときに次の手立てを考えよう。

困ったことがひょこっと頭を出せば、もぐらたたきのように、ばしっとたたいてひっこめる。親の介護のことだけでなく、生きていくということはそういうことの連続なのかもしれない。

とりあえずとはいえ、介護保険サービスを使えるようにし、両親の生活を支える第一歩を踏めた。わからないことの連続で暗中模索だったけれど、これらのことはみなみさんにとって、ほんの少し勇気となったのかもしれない。

半年ほど前、娘と診療内科の門をくぐったという。不登校というもぐらたたきもはじまっている。

施設入所という選択

親が在宅での暮らしが無理になってきたら……。

施設での介護を選ぶ場合も多い。

東京都内で暮らす、るりこさん（五〇歳）の母親は、東北地方の雪深い町の実家でひとり暮らしをしていた。八〇歳を越したばかり。雪国の冬は高齢者が生活するには厳しい。ましてや、足腰が不自由であったなら……。

母親は、地域に建設中のケア付きのシニアマンションへの入居を決めていた。オープンは次の年の春と決まっており、予約を入れていた。本人の意思だった。

ところが、その冬は特に寒さが厳しかった。

母親は一人、自宅で越冬する自信がなかったのだろう。なんとか、自宅の二階にも上がれるし、杖をつけば、近所の商店までは買い物に行くことができる状態だった。けれども、「具合が悪い。歩けない」と医師に訴え、自ら入院することを希望した。

母親とすれば、この冬さえ越せば、来春からはシニアマンションに入居できるので、安心した暮らしができるはずだと考えていたにちがいない。その考えに、るりこさんも反対はなかった。

医師の計らいで、整形外科の病院に入院できたときは、るりこさんも入院という事実に驚きながらも、「整形外科なのだから、もっと元気になれるな！」と喜んだ。母親も満足していたはずだ。

が、思ってもみないことが起きる。

病院というところは、患者のことをとても大切にしてくれる。もし、転倒でもして、けがでもさせたら大変だと思うのだろう。杖をつけば歩行できるのに、あっという間に移動する際は車いすとなった。

ほとんどの時間をベッドで寝ているせいだろう。

「親の施設入所を考えたこと、ありますか」

・パオッコ調査(2001)

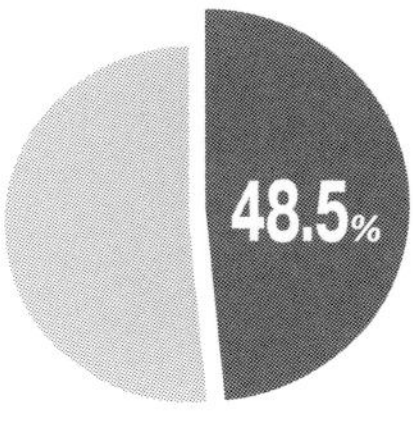

現に入所中を含め、約５割が親の施設入所を選択肢として考えている。

二か月もすると、母親はまったく歩けなくなってしまった。

ついには、入居を決めていたシニアマンションからは、予約を取り消されてしまった。「寝たきりでは、入居してもらうことはできない」と。入居条件のひとつは、「身のまわりのことは自分でできる」だったのだ。

だというのに、入院中の病院からは退院を急かされる。

かといって、歩けなくなった以上、自宅に戻ることもできない。

行き場をなくした混乱のなか、結局、本人も不本意に思う施設へ入居することが決まった。


当時、るりこさんはさぞかし胸を痛めたにちがいない。そのころの心境を尋ねた。

るりこさんは平静を装うように静かに言う。

「もし、あのとき入院していなければ……、とまったく考えないといえばウソになるけれど、でも、考えたって仕方ないし、考えないようにしています」

その返答に納得できず、もう一度問う。

後悔はない?

すると、ゆっくりと当時のことを語りはじめた。

「『仕方ない』っていい言葉だと思いませんか。私は大好き。この言葉がなかったら、どんどん自分を追い詰めていくしかないから」

るりこさんは言葉を続ける。

「施設に入るまでは母の行き場を探すことだけで必死で、深く考えるゆとりはなかった。『どこかに入れなきゃ、行き場がない』って」

が、やっと施設が決まりほっとしたのも束の間、とんでもないことが起きる。

入居した一週間後のことだった。なんと、母親の意識が混濁し、病院にかつぎこまれたというのだ。

「どうして、こんなことになってしまったんだろうって、病院に向かいながら、自分がどうかなってしまうんじゃないかと思うほど、胸が苦しくなりました。たぶん、母にも、無念な気持ちやストレスがあって、それで、倒れたんだと思う。このまま、亡くなるんじゃないかと思うと、『あのとき、なぜ入院させちゃったんだろう』って、どれほど悔いたことかわかりません」

と、本音を話す。

幸い、母親は容態をもち直してくれた。

るりこさんは苦しんで、苦しんで……。そして、自分を責めて、「不本意な施設入居も、仕方ない」という結論にたどりついた。母親も、徐々にその現実を受け入れていく。

確かにあのとき、入院していなければ、歩けなくなることもなく、母親の希望するシニアマンションに入れたかもしれない。けれども、それはあくまで推測の範囲のことでしかない。もしかすると、入院せずに自宅にいたら、近くの商店に買い物に行く途中に転倒して、もっと悲惨なこととなったかもしれない。

あるいは、寒さのあまり風邪をこじらせ、肺炎となって……。

「もしも」と言うとき、人は、楽観的想像をしがちだ。が、逆の結果が待っていることだって十分ありうる。

自分だって本当に切ない

実は、これより五年ほど前に、るりこさんの父親も、別のグループホームに入居していた。認知症のお年寄りが九人ほどで生活する施設だ。

父親はアルツハイマー型認知症と診断されていた。それでも、自宅にいたころは自分で病院に行けるし、薬だって自分でもらってきていた。なんとか自立した暮らしができていた。

母親の介助があれば、在宅が無理というほどではなかっただろう。

父親がグループホームに入る少し前のこと、るりこさんが帰省したとき、こんなことがあった。

父親がるりこさんに財産などに関した大切な書類を見せてくれた。そして、自分で片づけた。

数時間後、「書類がない」と父親が慌てだした。

るりこさんは一緒に探す。夜中の二時半ごろまで二人で探し、やっと見つけ出すことができた。

月に一回の帰省でたまたま出会った出来事だったが、いつもこんなふうであれば母親がまいってしまうだろう。介護をしなければならない母親のことが心配になった。

父親が薬を飲み忘れることが続いたこともあった。薬を飲んでいれば、通常の生活ができるが、飲まないと混乱が激しい。

父親は体格がいい。混乱する父親を止めるには母親では無理がある。両親の二人暮らしに不安を覚えるようになったそのころ、主治医から言われた。

「今のままでは、おかあさんが倒れてしまいますよ。おとうさんの施設入居を考えてはどうですか」

るりこさんは、現在も、月に一回飛行機で帰省し、父親と母親の施設をハシゴし、両方の話し相手になる。

るりこさんが通っていくと父親が、「家に帰りたい」と言う。最初は、「そうだね、帰れるといいね」と答えていた。

けれども、期待をもたすのもいけないかと思い、いつからか、「でも、私は東京に家があるしね。おかあさんに介護はできないしね、仕方ないね」と、あきらめを促すようになった。すると、父親はこんなことを言うこともある。

「早くよくなって、家に帰れるようにがんばる」

家に戻せないことがわかっていて、この言葉を聞くのは、本当に切ないことだ。

るりこさんは、ときには親と話しながら、涙があふれてきそうになることもあるという。

もし、泣くことで事態が好転するなら、いくらでも泣く。

しかし、泣いても、なにも解決しないことを知っている。

両親の犠牲のうえに

ひととおりの体験を話し終え、るりこさんは、少しはにかむようにこんなことを言い出した。

「両親には申し訳ないんだけれど、両親の犠牲のうえに、わたしは元気をもらえる生活を送っているんですよ」

どういうこと?

「二年ほど前、生活協同組合のチラシに、『お年寄りの体操教室の指導者養成コース』

の案内が入ったんです。ちょうど母親が歩けなくなって大変なときだったんで、わたしが覚えて、母に教えてあげようと思って、受講しました」

受講後、試験に一度は落ちたが、再度受けて合格した。よい仲間に出会えたこと、るりこさんの暮らす地域の社会福祉協議会の補助を受けられることもきっかけとなり、仲間とともに地域に支部を開設する。

現在、週に二回、地元の公民館でお年寄りに体操を教えているという。

生徒は七三歳、八三歳、八七歳の三人の女性。

いつも笑いの絶えない教室。

八七歳の女性Aさんは、「毎日、カレンダーを見ていて『明日は教室だ！』と思うとワクワクするんですよ」と言ってくれる。

八三歳の女性が言うそうである。

「Aさんは、一年前とまったく違う。笑顔でいきいきしているね」、と。

先日は、公民館の二階の教室から、なんとAさんが杖をつかず、杖を持ってしゃんとして降りていく姿を目撃した。

八七歳になってあんなふうに生きることができるんだ。

「歳をとるって、苦しくて我慢することばかりかという思いがあったけれど、今は捨てたもんじゃないなと思うようになりました」

るりこさんは、どちらかというと家で本を読んでいるほうが好きなタイプだったそこうだ。体操とか、運動は苦手。

体も弱いほうで、一〇年ほど前は、メニエール病で苦しんだ。家でふせっていることが多く、子どもたちが夕食の用意をしてくれることも多かった。そのころはまだ、東北の両親も元気だった。

「一〇年前、まさか自分が毎月、故郷に通ったり、人前で体操を教えることになっているなんて想像もしていなかった。きっと、両親が身をていして、わたしに違った生き方を教えてくれているんだと思う。両親のことがなければ、体操教室のチラシなんて、絶対に目に留まらなかったから」

るりこさんの澄んだ瞳を見ていると確信できる。両親は「犠牲」などと決して思ってはいないだろうということを。

現在、両親とも、それなりに落ち着いた状態にある。

母親が「おむつ」を嫌がっていることを施設の職員に言えば、会議を開いてくれて、トイレの声がけをするタイミングをはかるようにしてくれた。

父親は、いつもニコニコして穏やかな性格だからだろう、「施設の人気者」と言われている。施設の日めくりをめくるのが、父親の役割になっている。よたよたと日めくりまで歩いていくことが日課となっている。

父親も母親も、いい環境だと思う。

これから一〇年たてば、またどんな人生を歩んでいるかはわからない。

夫とは同郷だから、もしかしたら故郷に帰ろうと思うかもしれない。子どもたちは結婚して、孫ができているだろうか。自分の将来が見えないから、両親を東京に連れてくる気持ちはない。

将来のことは未定。

でも、できれば、両親が生きていてくれたらと願う。

コラム

親と子のあいだに

「親の介護を子が自らすべきか」という世論調査結果がある（「高齢者介護に関する世論調査」（平成一五年七月）より）。

一般論として、親が寝たきりや認知症になったとき、子が親の介護をすることについてどう思うか聞いたところ、「子どもが親の介護をすることは当たり前のことだ」と答えた人の割合が半数を割っている。「子どもだからといって、必ずしも自ら親の介護をする必要はない」が三六・一％。介護者世代である五〇代女性では、その割合が四六・六％にまで跳ね上がる。

これは、子が親に対して冷たくなったということだろうか。

いや、そうではないと思う。

実際、親のことを捨てることはできない。

介護する子が要介護者である親を殺す事件、心中する事件などを目にすることもある。虐待も増えている。もちろん「冷血」や「憎しみ」が原因である場合もあるだろうが、「安心して介護できない環境」にある場合もあるのではないだろうか。

同居もできない。施設にも入れない。

自立して暮らせなくなった親を前に、子は為すすべをなくしてしまうこともあるだろう。その厳しい現実をもっともよく目の当たりにしている五〇代女性は、「子どもだからといって、必ずしも自ら親の介護をする必要はない」という意識変換を試みているのではないだろうか。

一方で、子どもや孫とのつきあい方についての、六〇歳以上の高齢者の意識調査結果も興味深い（「高齢社会白書（平成一八年版）」より）。

平成一二年度では、子どもや孫とは、「いつも一緒に生活できるのがよい」が、「ときどき会って食事や会話をするのがよい」よりも高い割合であった。けれども、平成一七年度では、両者の割合が逆転した。また、「たまに会話をする程度でよい」の割合も増加している。以前に比べると、密度の薄いつきあい方でもよいと考える高齢者が増えていることがうかがえる。

が、これもまた老親の子へ抱く愛情が少なくなった、というものではないと思う。「家族に迷惑をかけたくない」というお年寄りの心の声が聞こえてくるようである。

親に対して、一線を引こうとする子世代。

子に対して、一線を引こうとする親世代。

安心して介護のできる環境整備が急がれる。

エピローグ

執筆を終えて、思うこと

一冊を書き終え、やっぱりそうだったのか……、という思いがある。

「遠距離介護」とは、困難なものでも、お気楽なものでもない。刻まれていく時のなかで行われる自然な感情、行為だといえよう。

子世代も四〇年、五〇年と生きてくれば、さまざまな環境のなかに身をおき、いくつものことに関心をもっている。与えられた環境、得てきた環境のなかで懸命に生きている。

家庭、職場、趣味の世界、地域のなかでの存在……。そんな各個人のステージのひとつとして、別居の親との世界があるのではないだろうか。

そのステージはなにも負担ばかりではない。久しぶりに親とかかわっていくなかで、親から学ぶことも多い。自分にも迫ってきている「老い」とどう向きあうか。親という等身大のひとりの人間を通し、自分の生き方を見つめるきっかけともなる。

そういう私も、親とは離れて暮らす子世代のひとりである。両親は京都で二人暮らし、夫の父は滋賀でひとり暮らし。それぞれ元気に暮らしているのをいいことに、関西出張でも入らないと、めったに帰省しない。

私は核家族で育った。そして、結婚後も核家族の家庭をもった。夫の転勤に伴い、大阪、シンガポール、東京と移り住んできた。

そんなわけで、お年寄りとの同居経験はない。

私が離れて暮らす老親と子の取材をするようになったのは、たまたま受けた冊子の執筆がきっかけだった。一九九四年ころのことである。在宅や老人ホームで、お年寄りをインタビューすることになる。祖父や祖母以外の高齢者と話した経験はほとんどなかった。取材で、どんなふうにお年寄りと接したらいいのか、戸惑うことの連続だった。

戸惑うことは、それだけではなかった。介護保険などもない時代である。それでも自治体には高齢者向けのサービスはあった。が、たびたびお年寄りから「お上《かみ》の世話にはなりたくない」という声が聞こえてくる。それまでの人生では使ったことのない言葉だった。

さらに驚いたことは、ひとり暮らしのお年寄りが、こんなにたくさんいるという現実。寝たきりのお年寄りがひとりで暮らしている家を訪れたこともあった。

なぜ、寝たきりなのにひとりなのだろう。

ベッドの横に置かれたいすに座することを勧められても、驚きで、すぐには座れないほどだった。この人は、一日中、ここにひとりで寝ているのだろうか……。

取材を進めるうちに、ひとり暮らしやお年寄りだけの世帯の向こう側に、離れて暮らす子がいることがわかってきた。お年寄りと向きあうと、「息子がこうしてくれた」とか、「娘がこれを持ってきてくれた」とか、うれしそうに話すことがとても多いのだ。

あれから、一三年ほどが経過した。介護をめぐる社会は大きく変化のときを迎えた。インターネットの急速な普及。情報化時代の到来だ。介護に関する情報も、ネットでかなりの部分を調べられるようになった。

そして、二〇〇〇年の介護保険制度の導入により、家族だけで介護を担うのではなく、社会全体で介護を行おうという考え方が定着してきた。サービスを使う高齢者は、急速に増える。

この導入により、お年寄りにも「契約」という概念が必要となる。サービスを使うには、いちいち契約書を交わさなければならない。と、同時に発生する「自己責任」という考え方。

サービスも介護保険だけでなく、ボランティア、民間などさまざまなものができている。

若い世代でも面食らう速さで、社会は変化してきている。高齢の親世代に、時代についてこい、情報を集めろ、というのは酷のような気がする。

私たち、子世代の出番ではないだろうか。

多様な生き方がある二一世紀に、「こうあらねばならない」とか、「こうあるべき」といったものは存在しないと思う。

親子の関係は、ひとつとして同じものはない。

子世代に個々の生き方があるように、親世代のほうもいろいろな人生を送っている。価値観も性格も異なる。そんな親子が、幼いころから時間をかけてそれぞれの世界を築いてきた。

親が健康を害したり、けがをしたりすれば、心配するし、ケアや介護を行いたいと思うのは、ごく自然なことだ。「遠距離恋愛」という似た言葉を聞いたことがあるだろう。ときとして、「距離」は障壁となり、相手への想いをつのらせる。すぐには会えない「家族」に対しても当てはまる場合があるのではないだろうか。

それでも、もし「介護をする気になれない」という子世代がいるとすれば、それは親のほうにも原因をつくるなにかがあるということではないだろうか。その親がどう生きてきたか。

老親と一緒に暮らしていくこともひとつの選択。

別々に暮らし続けていくこともひとつの選択。

自分たちの判断を信じて、今の状況でなにができるかを考える。

親の人生をしょいこむことはできないし、きっと親も望んでいない。

けれども、かかわりあって生きていくことならできると思う。
スーパーマンじゃないから、かっこよく親をサポートとはいかないかもしれない。
七転八起ならぬ七転八倒、ときには涙を流したり、ぶつぶつ言いながら。
でも、それでもいいんじゃないだろうか。
親と子は、なにがあってもずーっと永遠に「親子」なのだから。

あとがき

ＮＰＯを運営することは、結構大変なことである。会報を発行したり、セミナーを開催したり、次から次へとしなければならないことがある。そのたび、お金をどうするか、ということも考えなければならない。

ＮＰＯというと、国などから黙っていても補助が出るように考えている人もいるが、とんでもない。なにかをしようと思ったら、会費なり、協賛金なり、助成金なり、どこからか持ってこなければならない。

仕事や家庭との両立が苦しくなり、しょっちゅう「もう、やめてやる！」とぶつぶつ言っている。が、気づいてみれば、ずいぶんな年月が経過した。

この間、パオッコを通して、さまざまな友人、知人ができた。故郷をもつ「都会の住人」、という共通点があるせいか、すぐに親しくなれる。三〇代から六〇代と年代に幅があることもうれしい。そんな仲間の存在があるから、文句を言いつつも活動を楽しんでいるのだろう。

この本をつづることができたのも、そんなみんなのおかげである。快くインタビューに協力してくれたことにお礼を言いたい。会員だけでなく、セミナーや他団体の集いなどさまざまな現場で出会った人たちからもお話を聞かせていただいた。すれ違いざまに、体験談を教えてくれる人もいた。親と離れて暮らしている人って、実に多い。子と離れて暮らす老親もとっても多い。

中央法規出版企画部の大木由紀子さん、編集部の川脇久美さんには、一冊をまとめあげるまでたいへんお世話になった。本当にありがとうございました。

太田差惠子

二〇〇七年五月

著者紹介

太田差恵子（おおた・さえこ）

介護・暮らしジャーナリスト。AFP（日本ファイナンシャル・プランナーズ協会会員）。一九六〇年生まれ。

高齢化社会においての「暮らし」と「高齢者支援」の二つの視点から、新しい切り口で新聞・雑誌などでコラム執筆、講演活動等を行う。一九九六年、親世代と離れて暮らす子世代の情報交換の場として、「離れて暮らす親のケアを考える会パオッコ」を立ち上げ、二〇〇五年五月、法人化した。

著書に、『すぐに役立つ　離れて暮らす親のケア』（七つ森書館）、『遠距離介護』（岩波ブックレット）、『もうすぐあなたも遠距離介護』（北斗出版）など。現在、介護・福祉の応援サイト「けあサポ」（http://www.caresapo.jp/）にて、ブログ執筆中。

●NPO法人パオッコ　離れて暮らす親のケアを考える会
〒113-0033　東京都文京区本郷三-三七-八
本郷春木町ビル九階
TEL〇三-五八四〇-九九三五
FAX〇三-五六八九-〇九五八
http://paokko.org/

故郷の親が老いたとき
―46の遠距離介護ストーリー―

二〇〇七年六月一〇日　発行

著　者　太田差恵子

発行者　荘村多加志

発行所　中央法規出版株式会社
〒151-0053　東京都渋谷区代々木二-二七-四
販売　TEL〇三-三三七九-三八六一
　　　FAX〇三-五三五八-三七一九
編集　TEL〇三-三三七九-三七八四
　　　FAX〇三-五三五一-七八五五
http://www.chuohoki.co.jp/
営業所　札幌・仙台・東京・名古屋・大阪・広島・福岡

印刷・製本　サンメッセ株式会社
装丁・図デザイン　永井裕子
カバー写真　小寺克彦

定価はカバーに表示してあります。
ISBN978-4-8058-2884-7
落丁本・乱丁本はお取り替えいたします。